U0906878

澜沧

世界拉祜之根　千年古茶之源

总策划／卫　星
杨照辉
张善强
白文彬

主　编／赵联涛
王鸿彬

本卷主编／施文艳
李琼珍

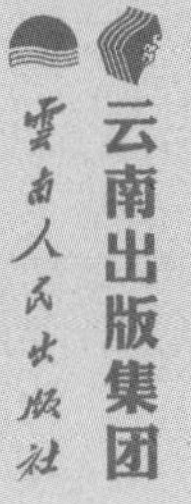

瀾滄

图书在版编目（CIP）数据

文化普洱．澜沧 / 施文艳，李琼珍主编．-- 昆明：云南人民出版社，2016.12

ISBN 978-7-222-13898-8

Ⅰ．①文… Ⅱ．①施… ②李… Ⅲ．①澜沧拉祜族自治县—概况 Ⅳ．① K927.43

中国版本图书馆 CIP 数据核字 (2016) 第 262651 号

创意策划：云南出版集团公司产业发展部

出 品 人：胡 平

责任编辑：姚实名 刘 焰

设计总监：袁亚雄

装帧设计：雲南非鳥文化傳播有限公司

责任校对：李 爽

责任印制：洪中丽

文化普洱·澜沧

主编：施文艳 李琼珍

出版：云南出版集团 云南人民出版社 // 发行：云南人民出版社

社址：昆明市环城西路 609 号 // 邮编：650034

网址：www.ynpph.com.cn // E-mail：ynrms@sina.com

开本：787mm×1092mm 1/16 // 印张：16.25 // 字数：100 千

版次：2016 年 12 月第 1 版第 1 次印刷

印刷：云南出版印刷（集团）有限责任公司 云南新华印刷一厂

书号：ISBN 978-7-222-13898-8 // 定价：59.00 元

如有图书质量与相关问题请与我社联系

审校部电话：0871-64164626 出版部电话：0871-64191534

云南人民出版社公众微信号

总序

关于普洱，可以列举出如下一些文字和数据——它位于云南西南，辖一区九县，面积 4.5 万平方公里。东南与老挝、越南接壤，西南与缅甸毗邻，2015 年末总人口 259.4 万，其中，少数民族人口占总人口的 61%。境内江河纵横、森林茂密……不过，这样的描述也许会让你感到枯燥和记不住普洱的特征，我们还是换一种更为形象的表述方式吧！

普洱是云南省面积最大的一个州市，其辖区面积比台湾省陆地面积还要大。由于它的森林覆盖率高达 68.7%，所以又被称为地球北回归线上最大的绿洲。另外它的名气也大，这当然要归功于这片土地上盛产的普洱茶，让很多搞不清它的方位的人也在不经意中记住了这个地方。

普洱的东南与越南、老挝接壤，西南则与缅甸毗邻，国境线长达 486 公里。从澜沧江（境外称湄公河）航道出境沿江而下，可直达东南亚五国，所以有“一市连三国，一江通五邻”的说法。历史上普洱一直是中国通往东南亚的重要门户，著名的南方丝绸之路之一。除了澜沧江、红河、南亢河三条水道可直通境外，仅陆上通道就有 17 条之多，所以普洱是我国名副其实的面向南亚、东南亚辐射中心的前沿窗口。

普洱民族众多，世代居住在这里的民族有 14 个，包括哈尼族、彝族、拉祜族、佤族、傣族、布朗族、瑶族等。其中很多民族又有多个支系，有的支系间服饰和语言的差别很大，只有专家才搞得清楚。当然，这样的现实又造成了众多的民族特色文化的繁荣。普洱动植物种类繁多，矿产资源和水能资源丰富，如果说云南是“动物王国”“植物王国”和“矿物王国”，那么普洱就是整个云南的缩影，在探明的矿藏中有金、铜、铅、锡、铁、钾盐，储量位居全省前列，仅一个惠民铁矿的储量就高达 21 亿吨。水能资源蕴藏量 1500 万千瓦，这让普洱成为“西电东送”和“云电外送”的重要基地。

上述这几个现实的存在，从文化的角度来看，带来的是普洱丰富的民族文化，以及多元文化在这儿的碰撞和交融，在普洱构成了令人眼花缭乱的多彩和灿烂。

打开“文化普洱”系列丛书，无论是综合卷还是最北面的景东卷，或者“一县连三国”的江城卷，你首先感受到的是在这块土地上无处不在的普洱茶文化。这片绿叶由于得天独厚的优秀品质和独特的风味、独特的功效，以及伴随着它诞生的那些诸如茶马古道等文化，像镇沅卷中记述的那棵古茶王树，历经数千年依然活力四射、葱茏如盖。在整个普洱可记可述的历史中，无论是从原始部落直接过渡到现代文明的民族，还是那些经过“改土归流”演变到今天的群体，都可以看到普洱茶文化的影子在其间闪烁，只是有时是主角，有时是配角，但其内涵的深厚，仍然令人为之感喟不已。

花开花谢，日落日出。在很长的时间里，普洱与外界的联系相对闭塞，但生活在这块土地上的各族群众，却与日月天地为伴，与山水鸟兽为友，在一方水土中演绎出一方风流。多样的民族歌舞，是普洱大地上的一绝，傣族的马鹿舞、象脚鼓舞，佤族的甩发舞，拉祜族的芦笙舞，一亮相就惊艳全场，并通过专业团队和影视作品传遍了世界。《阿佤人民唱新歌》《婚誓》等富有普洱民族元素的歌曲，至今仍在共和国的大地上飘扬。

走进普洱，那绿色的大地，清新的空气，连片的万亩茶园，宜居的生态环境，如今已经得到了公认。在思茅卷中，那些来自山林的鲜活野生菌、带着自然清香的花卉食品，会使你对“生态普洱”有一个直观的概念；在澜沧卷中，抚摸着茶马古道上那些深深的蹄印，听着千年万亩古茶园中的自然箫声，你仿佛看到了边疆与祖国心脏的血肉相连，听到了边疆人民反对外敌入侵的呐喊；走进宁洱卷，带你瞻仰被誉为“新中国民族团结第一碑”的民族团结誓词碑，你会为那些决心在共产党领导下，为新中国努力奋斗的少数民族代表们掷地有声的誓言感到由衷的钦佩；在孟连卷中，八百多年关于孟连土司的记载，会让你感受到边疆社会发展的历史轨迹；在景谷卷里，那些在菩提树绿影中摇曳的傣族佛教文化和众多的仙踪佛迹，会让你的心灵再一次得到净化；在西盟卷中，佤族文化的冲击会像木鼓阵阵，拷问着我们这个现代文明世界的是是非非；在墨江卷里，那个被北回归线一分为二的小县城，则会用娓娓动听的语言，讲述双胞胎节的故事，讲述不同民族间文化相互交融的历史；在江城卷里，登上十层大山，透过中国、越南、老挝的同一块界碑，在鸡鸣三国的黎明中，你会感叹异国其实离我们那么近……

漫漫岁月，风雨沧桑。古往今来，普洱大地上值得点赞的色彩何止上述几笔，甚至也不是这套丛书中的一百多万字就能叙述完毕的。总之，这块土地上丰厚的文化内涵，也催生了普洱人的文化自信。一批批普洱的作家、诗人、画家、书法家和摄影家，以家乡的事物为题，创作出了一件件精美的文艺作品。其中，誉满中外的绝版木刻，更成为普洱文化的一张重彩名片。

为了进一步推动普洱文化的繁荣发展，普洱市委、市政府决定从增强文化软实力着手，编辑一套全面、权威，同时又图文并茂的“文化普洱”系列丛书，将普洱的人文精神完整地展现出来。为了完成这个前所未有的任务，全市九县一区组成了市、县（区）两级撰稿班子，集中了本土文化学者、作家、摄影家反复讨论、精心构思、实地考察，本着突出特色、尊重历史、实事求是、传承文明的原则，历经一年多的辛苦努力，完成了这部生动、鲜活，有独特文化韵味的丛书。

和以往编辑出版的介绍普洱的书籍不同，这套丛书打破了传统的编辑体例，以文化为核心，用散文的手法，完成了对普洱文化魅力的提炼，将普洱文化的价值做了全面的提升。尽管是第一次组织编辑这样的丛书，有经验的欠缺和县（区）间协调的不足，但丛书的编辑出版，是普洱文化发展的一件大事。这套丛书，也必将会成为中华文化海洋中的一朵美丽浪花。

从古到今，文化一直是一个民族的血脉，一直是人民群众的精神家园。因为文化的薪火传承，因为对文化价值的守望，才造就了一个民族的共同文脉。普洱的各族人民，也同样在漫长的岁月中坚守自己的文化家园，不因交通的隔阻而断流，也不因生活的艰辛而放弃，像上天赐予普洱的那片绿色茶叶，最终会让世界认识她醇厚凝重、越陈越香的特殊品质。

“文化普洱”丛书编辑委员会

2015 年 10 月

CONTENTS

LANCANG

01　　总　序

001　第一章　拉祜山的记忆

002　　拉祜山魂

009　　永远的盛典

018　　茫茫林山英雄魂

026　　登临孔明山

034　　渐渐远去的骡蹄声

041　第二章　芦笙恋歌的故乡

042　从葫芦里走出来的民族
063　永恒的婚誓
070　拉祜　拉祜
094　古今土陶话澜沧
102　绿海林中话神奇
111　竹林深处俸崩人
118　乡情澜沧街

123　第三章　千年古茶的追溯

124　追溯普洱茶发源地
129　景迈山之恋
141　走进普洱景迈山
153　糯干山寨的梵音
158　寻访邦崴古茶之乡
167　茶树自然博物馆——景迈山
173　葫芦里的绿色山歌
178　寻找野生茶树群落

183 第四章 澜沧江畔的画卷

184 山水扎渡情
198 山之韵
209 走访三县界
213 寻找付腊神话
221 森林的馈赠
228 野鸭湖
233 满山多依满山果
238 醉美澜沧

244 后 记

第一章
拉祜山的记忆

天赐圣地，造就了这片神奇古老的拉祜山。当我们怀揣一份虔诚轻轻拨开这座山的云雾，在峥嵘岁月里，每一条径、每一块石、每一粒沙、每一棵树，都承载着太多太多的记忆。循着祖先的足迹，依稀可见的是他们沿着澜沧江一带繁衍生息，共同创造了澜沧悠久的历史，书写了澜沧亘古的文明。是无数的仁人志士义无反顾，用鲜血和生命铸就了光辉的历史；是无数的铮铮忠魂，浇铸成巍巍屹立的拉祜山魂，诉说着这座山的昨天与今天。

拉祜山魂

风吹过，雨淋过，火炙过，山上的青松依然那么苍翠、那么挺拔、那么傲然，因为它想要诉说、想要追忆、想要佐证。它说：它的责任就是要铭记那片用鲜血溅染的桑田，它的使命就是要镌刻那段用生命书写的历史，它的精神就是要弘扬那些与山共存的魂……

这座山叫拉祜山。这座山，不是一曲就能吟尽沧桑；这座山，不是一梦就能回望天涯；这座山，不是一笔就能浓墨长河……因为，这座山有魂，是由无数铮铮忠魂守护的山。

山有魂，有魂的山有迹可歌、有士可泣。因为每一捧土都洒染热血、每一座丘都深埋忠骨。

阴云密布、风云突起。1918 年春天，几个能够渡江的拉祜汉子在那日益残酷的压迫剥削中，锁紧双眉，手挽哈尼、傣、彝等各民族兄弟的赤膊，毁船筏，烧衙署，杀土司，第一次在这座山上高呼“杀官废债”，一场历时两年风云突起的拉祜族农民起义就这样诞生了。他们的名字叫李龙、李虎、李保，他们的血尽染糯扎渡仙顶云，他们的声音响彻高高的拉祜山。

“遇威不屈，临难不苟，烈士雄风，永昭人间。”这是一段澜沧烈士陵园里醒目的碑文，碑的主人叫江枕石。一个本可成为聚金

儒商的优秀书生，却鞠别年老的慈母、拥别新婚的娇妻，独途千山，昂跨汹涛，在山高林密的拉祜山中，传真理、聚力量、建组织，点燃了拉祜山熊熊的革命烈火。1943 年 2 月，深陷黑牢的他，多想再一次为母亲抚平皱纹，多想再一次为妻子梳理黑发。但，组织的安全、同志的生命、边疆的革命，令他选择了用年仅 34 岁的年轻生命去忠诚地履行自己的入党誓言——誓死保守党的秘密，永不叛党！

他，曾义正词严呈书：“不愿听英帝之驱使，愿断头颅，不愿为英帝之牛马。”誓死保卫祖国领土完整；他，请缨抗战，组织武装抗日游击队伍，开展轰轰烈烈的抗日游击战争，使日寇始终未能越过国界一步；他，才智过人，胆识超群，视荣华富贵为粪土，以革命事业为己任。他曾自豪地说：“我所做的事业要比在国民党那里当大官更有意义。”他，高举反蒋武装起义大旗，舍身入敌巢，中数弹英逝，却给战友们无尽的力量，解放了宁江城。战友们高呼：“为溯涛同志报仇！”他的一生正如碑文中对他的评价那样：“生为真理，献身人民，坚定对敌，英名永垂。”他就是我们拉祜山的英魂——尹溯涛。

李晓村，一个颇具传奇色彩的男人。早年革命，屡陷深牢，得慈父劫狱相救，却被迫背井离乡、流离海外。本可避于国忧民难的困境，但党旗前的誓言，他必须毫无怨言地践行。千方百计回到祖国，时而是小小的走运商贩，时而为懦弱的乡村教师，万变的身份却无法抹淡他震世惊人的壮举：参堪界、抗日寇、反蒋统、平叛乱。1949 年 1 月，他成为打响解放澜沧第一枪的率领人之一；中华人民共和国成立的第一个国庆大典，又是他作为澜（沧）宁（江）源（沧源）民族参观团领队、民族翻译，陪同拉勐等民族头人赴京参加国庆观礼活动，为那永垂青史的民族团结誓词碑立下汗马功劳，功不可没！ 1992 年，他带着对党的理解和无限忠诚，以一个

❶ 革命烈士：江枕石
❷ 李晓村

革命家的人格和风范，走完了他最后的人生旅途，他的传奇人生激励着一代又一代的拉祜山儿女。

傅晓楼，一个诗意儒雅的名字，本是一位想与“文”相伴一生的书生，却因民族的责任走上革命的征途。作为拉祜山第一代赴昆求学的知识分子，面对满目疮痍的祖国，带着一腔“教育救国”的热忱，回到家乡，兴办教育，坚决抵制国外宗教势力、奴化教育的侵略。以正直而威望于方圆百里，却能够淡定拒绝“国大代表”等诱惑，毅然参加了革命，保护同志、捍卫组织、率军作战。面对曲折和严峻的革命考验，都没有动摇他坚决跟党走的决心。有惊险、有苦难、有委屈，但他总是说：“一定要听党的话，跟着党走，一切服从党的安排。”他是这样说的，一生的路途也是这样走的。

出身寒苦却侠气浩然的罗正明，是一个脚夫的儿

❶ 傅晓楼

❷ 革命烈士纪念碑

❶ 蜜蜂崖抗日誓词：为民前锋

❷ 革命烈士证明书

子，青年时就威扬四方，剿山匪、抗外掠、除恶霸、护良商。当日寇入侵、国难当头，他组织武装、集缨抗日，与民族兄弟“剽牛”“喝咒水”，结成抗日同盟，建立“佧佤山抗日革命根据地”捍卫国土。在鄙视当权者无能之时，他毅然走上了革命道路，捐家产，献枪弹，打起了武装解放大旗，在民族解放战争和新民主主义革命斗争中做出了重要贡献。

或许在更多的史料中找不到他的名字。一个以教师和商贩的简单身份，投身于组农会、减租息革命斗争的早期共产党员，在曙光来临之际的1948年，在筹集武器革命工作中遇害，还未来得及目睹一缕胜利曙光的到来，就与世长辞。他在那白色年代里，用生命保存了1928年至1929年党中央和云南临委的15个重要文件，留给我们党无比珍贵的历史文献。他，就是那一本封面写着“催眠术”的油印小册子的主

2

人，第一个进入澜沧的共产党员李子谦。

他们是一群出身书香的儒雅之士，有教授、有文人、有商人，但为了党的光辉事业、为了云南的解放斗争，不畏抛家产、爬险峰、蹚急流、斗野兽、染瘟疫，甚至奉献生命，带着一腔对党的忠诚、对革命的执着、对祖国的热爱，穿越泰、缅、老三角地带，毅然来到祖国边陲，加强了党的组织力量，把丰富的革命经验带到拉祜山轰轰烈烈的解放斗争中，奏响了一曲曲振奋人心的革命乐章。他们就是以邱秉经、卓炯、许师谦为代表的中共回国党组。

他，位高权重的土司出身，却一身土布，斜挎一个皱巴巴的拉祜包，裤脚一高一低，一笑就一口黑黄牙，到哪儿都要和旁人“唠唠家常”，到哪儿都会“脚忙手忙”。他说：“我的过去、现在和将来，都要一心一意跟党走，还要教育我们的民族和后代，要永远铭记党的恩情，世世代代跟党走。”这样的肺腑之言，不是有着坚定信念的人是说不出来的。他还说：“只要事关群众的利益，我们就要为他们做好服务。”他下乡，带的是理发剪，带的是药品……他的“一蹲、二深、三短、四同、五带、六员”的工作方法，无不体现出实干之人的魅力和魄力，无不体现“一枝一叶总关情”。他敢言：“正因为我是县长，我才不能这样做，我没有这样的权利。”这样的话语只能出自一身正气之人。他，犹如一盏信仰的明灯、一座精神的灯塔指引着拉祜山人们前行的方向，他就是我们永远怀念的老县长——李光华。

他，捐出所有家当护送同志、寻找组织；他，抛锄荒田未及天伦就献身革命；他，无畏砍头，怒吼真理；他，腹破肠漏、坚守阵地。她，不顾羞涩用乳汁挽救生命；她，唯一的被褥盖上担架；她，舍下口中每一撮粮食送给队伍。他们，不知其名，不知其龄，不知其故土、亲人，却空穴长眠……

1953 年 4 月当选澜沧拉祜族自治区人民政府第一任主席，一干就是 34 年——李光华

佛房遗址。1949年3月8日在佛房成立澜沧军政管委会；4月4日成立澜沧行政专员公署，管辖澜沧、东朗、上允、孟连、溯涛五县

那里是先烈就义、激奋建权的佛房，那里是十三壮士英勇就义的林排坡，那里是起义号角发起的“革命根据地”——谦糯，那里是打响解放澜沧第一枪的大山半坡，那里是早期发展党员、巩固政权的东岗细允，那里是平叛乱匪的老雅口，那里是解放全县战斗的指挥部东主，那里是截渡歼匪的富东小坝，那里是锁盐降敌的雪林波哨，那里是黑山剿匪四十三英烈长眠的发展河……

当那布满皱纹的脸庞专注、虔诚地面向山冈，当那银发下炯炯有神的双眼透出当年战斗中的一刹，当那土布衣领下隐隐约约地显露当年的陈年伤痕，当那无声而泣的泪水浸湿早已斑驳的枪壳，当那粗糙的双手小心翼翼地用洁白的帕子擦净碑上的尘土，当那断断续续的战斗歌谣哽咽吟出……

抚今追昔，我们只能用最最沉重的文字提到：澜沧革命烈士纪念碑、老雅口烈士墓、糯福烈士陵园、发展河烈士陵园、勐朗烈士陵园、木嘎烈士墓……因为就是长眠于这里的那些留名和未曾留名的他们，才有了今天熠熠生辉的拉祜山。

当拨开这山的云雾，每一条径、每一块石、每一粒沙、每一棵树，都承载着太多太多的记忆。那峥嵘岁月的所有，

或许只能在一角残缺的书信、在一张泛黄的照片、在一本染血的文献、在一块模糊的碑文、在一段塌陷的战壕、在一处依稀的弹痕、在一片肃穆的陵园……才可找到那记忆的源头。

❶ 宁江县临时人民政府遗址

❷ 革命烈士纪念碑前缅怀祭奠革命先烈

但，这所有的一切，不会在时间的车轮里无言地流逝。你看，那一束又一束洁白的菊花，那一个又一个坚毅的神情，那一双又一双注满泪水的眼眸，那一声又一声稚嫩而坚定的誓言，都会与这山同存、与这山共鸣，因为这山是有魂的山！

永远的盛典

这是一个让拉祜山儿女永远铭记的日子。这天，春风荡漾，阳光煦暖，募乃小河欢快流淌，近万名各族群众唱着山歌、吹着芦笙、敲着木鼓、弹着三弦，载歌载舞，共同庆祝澜沧拉祜族自治区（县级）人民政府成立。

1953 年 4 月 7 日，竹塘募乃街举行了拉祜山乡有史以来最隆重最盛大的庆典活动，澜沧拉祜族自治区（县）从此成立。在歌声、鼓声、各族群众的欢呼声中，千年被歧视、被奴役的拉祜人，在中国共产党的领导下，成为祖国民族大家庭中的一员，从此走出深渊、走出痛苦、走向幸福、走向光明。

实现百年梦想、千年期盼，拉祜山是何等的欢乐与幸福……

这天，近万名各族群众流着幸福的热泪、唱着欢快的山歌、吹着悠扬的芦笙、敲着震天的木鼓、弹着婉约的三弦，有的甚至抱着鸡鸭、挑着水果，从四面八方向竹塘募乃涌来。他们热情满怀、心潮澎湃、载歌载舞，通宵达旦地庆祝自治

区成立。

这天，春风荡漾，阳光煦暖，莲花山升起七彩云霞，雄狮山披上节日盛装，募乃小河欢快流淌，桃花、李花争相开放。在“庆祝云南省澜沧拉祜族自治区人民政府成立典礼”的巨幅标语下，在万众瞩目和热烈的掌声中，当选的自治区主席李光华（拉祜族），副主席李光保（拉祜族）、张石庵（汉族）、龙老三（哈尼族）、魏老六（佤族）、赵卓（白族）及其他委员们，走

❶ 1953 年 4 月 7 日澜沧拉祜族自治区人民政府成立

❷ 各族群众吹笙起舞庆盛典

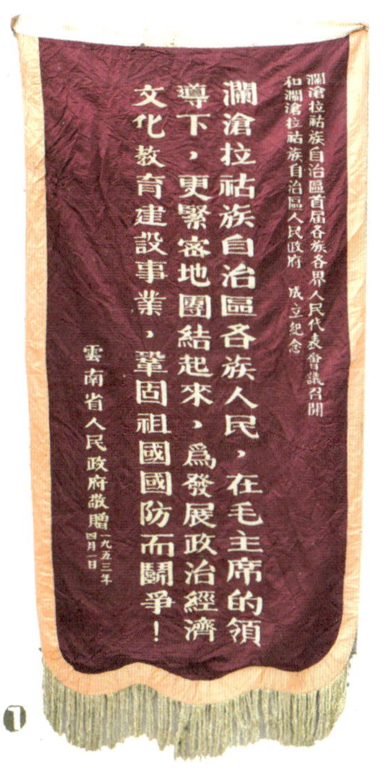

向主席台庄严宣誓就职，并接受潮水般的群众给他们拴线祝福……

这天，遥远的娜丕八卡山上婴儿似乎停止了哭泣，澜沧江畔仙顶云山似乎在回眸微笑，散发着拉祜族抗清起义之烟的谦糯城也在为之动容，在大山半坡村，解放澜沧的第一声枪响仍在久久回荡……

这天，面对高高飘扬的五星红旗，面对全新的美好生活，拉祜山乡的各族儿女，尤其是灾难深重的拉祜同胞又怎能忘记祖先千百年来的苦难历程……

历史上拉祜族本没有自己的文字，但从族人世代传承的古歌中，他们知道，自己是甘肃河湟羌族的后裔。生存发展历程充满了苦难艰辛。“密尼都库”（甘肃中部河湟氐羌）时期，因秦国统一六国后国力大增而累攻西戎，为躲避战争之苦，先民们被迫迁往北基（今青海芒涯）。此后，北方匈奴强盛，数犯秦国腹地，因受不了战乱之害，再次迁往南基（今青海省玉树州一带）。在东汉的多弥国和南北朝时期的苏毗国度过了一段相对平静的生活后，又因西部吐蕃势力崛起，灭了多弥和苏毗等小国，拉祜族再次被迫从南基出发，沿通天

❶自治区成立时，云南省人民政府赠送的锦旗

❷肩负重托　不辱使命（右一为李光华）

1953年在北京怀仁堂，老一辈无产阶级革命家朱德和民族上层人物在一起。（右二为李光华）

河、雅砻江而下，进入“蜀汉缴处”（今四川省甘孜州境内的甘孜、新隆、雅江等白狼地方）。为了生存，也为躲避吐蕃不断向南诏扩张之威胁，祖先们再次继续沿金沙江、雅砻江南下迁徙至四川西昌、盐源、盐边、木里一带。隋末唐初，兄妹两大部落在“七山七水处”（水涨山、买来袜可山、米易山和金沙江、雅砻江、盐井河等）分手后，分东西两路向南迁徙。东路（拉祜西）经糯弄大渡口（即攀枝花市渡口）渡金沙江、雅砻江，进入云南省大理、楚雄姚安一带；西路（拉祜纳）经盐井河、澜沧江、打冲河，进入四川盐源、木里与云南宁蒗交界处的永宁泸沽湖，后再渡金沙江迁徙至云南丽江一带。元明时期（1350—1650年间），拉祜先民为了寻找光明和幸福，沿着马鹿脚印，找到了“牡缅密缅”（意为火烧过的坝子，指今临沧)。此后，终于有了“阿沃阿郭都”(四川西昌)似的，适合人类生活的好地方，并在此过上了一段“鸡犬豆麦时和丰”的美好时光。后又因受不了封建朝廷的欺凌、土司山官的压榨，为了生存，也为了捍卫自己辛勤开垦的土地，拉祜先民最终与土司山官发生了极其惨烈的“弓弩之战”。最终因失败而被逐出“牡缅密缅”，逃散到澜沧江下游南北两岸山林地带居住。最后，又在反复争夺“勐勐”(今双江)、“牡缅密缅”中累遭失败而后有数路逃出境至缅甸、老挝、泰国等地。有沿途零散或走或居于今澜沧、西盟、孟连、勐海的，大致

李光华和拉祜族群众在一起

澜沧拉祜族自治县《自治条例》颁布实施大会

形成今天的生存格局。

古歌传记，在茹毛饮血的远古时代，在一场自然火灾中，拉祜先民发现被火烧熟了的肉好吃，于是知道了保留火种、使用火种。到“诺海厄波”（青海湖）时代，发现喝了这湖里的水（湖水有盐），身上的白毛变黑了，人更有力气了，于是知道了食用盐。在“诺弄诺谢厄”（意为蓝色的大湖——今川滇交界处的泸沽湖）因怒烧蜂子烧出了红色的铁水，铁水凝固后很坚硬，于是创造和使用了铁器工具。到洗麻塘洗麻学会了织麻制衣。为打到更多的猎物和有力地抗击外敌，发明了弓弩长矛等等。在翻越过许多“阔吉洛吉阔”（山水交界地方），又经过无数个“娜丕八卡山”（迁徙战斗中翻越过的大山。一名叫“娜丕”的妇女，在翻越这座大山时正赶上分娩，同胞们一边要打仗，一边又要给这没东西吃的妇女去捉青蛙来煮汤补充营养，故名）后，最终，为寻找肥沃的土地，跟着马鹿脚印，来到“牡缅密缅”（今临沧双江一带）……

人们更不会忘记，元明清时期，散布在澜沧江两岸森林里的，尤其是在“牡缅密缅”地域的拉祜人，反抗明、清封建朝廷的欺压和地方傣族土司残酷压榨的斗争：清雍正四年（1726年），因“改土归流”事件，发生了在镇沅的拉祜族、傣族反抗起义。清嘉庆元年（1796年），发生了在景谷县波麻寨牛肩（尖）山，扎妥、扎那、扎杜反抗交“钱粮门户”税的斗争起义。以及晚清光绪七年至十三年（1881—1887年），拉祜族张登发、张秉权率上改心、下改心（今双江、澜沧县一带）拉祜族造反起义和民国七年（1918年）以李龙、李虎兄弟为首，在雅口（今糯扎渡镇）发起的数千人打芒蚌、攻谦六县城的反抗斗争。特别是1949年1月15日，中共地下党领导的人民武装，在大山半坡村向国民党旧政权代表石氏家族打响的第一枪。拉祜族反抗封建朝廷压迫、地方土司欺诈的数次斗争，在澜沧社会发展史上曾书写了极其光辉的一页。

拉祜族，这祖国西北河湟羌族的后裔，从远古至现代，无论是先民们为躲避战乱，迁徙至“地上不长草，天上不飞鸟”的北基地，还是冒着战火过“娜丕八卡山”，抑或是后人汇集在威远江畔牛尖山寨的“裸黑衙门”外拼杀战斗，都因其族人弱小、文明滞后，始终被封建统治者和地方其他族人歧视、欺凌和驱赶。就连清光绪十四年（1888年），清政府在今谦六设置“镇边抚夷置隶厅”后，以大山石氏（石光玉）、雅口李氏（李芝隆）家族为代表的拉祜族，虽挣脱了傣族土司的统治，走上了独立的政治历史舞台，但也因其代表的只是清廷的统治意志，维护的只是家族的自身利益，因而拉祜族同胞仍处于水深火热的境况之中。

1949年2月，在中国共产党的领导下，澜沧获得了解放，拉祜人民得以翻身。从此，苦难深重的澜沧各族人民尤其是拉祜同胞，见到了太阳，见到了光明。新中国成立后，沐浴着党的阳光，不断落实边疆少数民族优惠政策，经过土地改革、兴修水利、推广良种、简单机械的使用等一系列的社会变革和生产关系调整，使拉祜山乡发生了日新月异的巨大变化，拉祜人从此有了自己的干部、教授、科学工作者、文化艺术家，成为祖国 56 个民族大家庭中的幸福一员。特别是改革开放以来，在党的边疆民族政策的光辉照耀下，拉祜人通过和各族同胞一起勤劳拼搏，过上了文明、现代的新生活。

千百年来，为追求安宁和幸福，拉祜人在求生的艰难道路上不断地向南迁徙。他们向着大江奔流的方向、向着竹木茂盛的方向、向着太阳升起的方向，铁流般地迁徙前进，终于在 1953 年 4 月 7 日这天追上了太阳、追上了共产党。各民族群众欢呼雀跃、尽兴狂欢，共同庆祝这翻身解放的日子。用各种语言唱出的歌声，在晴朗的夜空中久久荡漾：

拉祜山各族儿女迎来新世纪的曙光

捧起金色的芦笙
敲响新雕的象脚鼓
喝一口清醇的美酒哟
各族人民唱起了歌、跳起了舞
放声地唱吧！唱它个自在舒服
尽兴地跳吧！跳它个双脚麻木
歌唱新生活，歌唱光明和幸福……

岁月如梭，光阴荏苒，六十多年过去了，然而，这六十年前的建区（县）盛典一幕，却永远骄傲地闪耀在人们的心中。因为，她是澜沧拉祜山乡各族儿女翻身解放的盛大节日，更是拉祜同胞百年梦想，千年期盼的永远难忘的盛典。

吹笙起舞

茫茫林山英雄魂

1950年，盘踞缅甸的国民党军李弥残部，网罗逃亡到境外的反动土司头人、地痞恶棍，拼凑起所谓的“反共抗俄救国军”“滇总黑山独立支队”，内外勾结，大举骚扰澜沧等地区，妄图夺回失去的天堂。一时间，烽烟四起，刚刚从苦海中翻身解放的澜沧各族人民又投入清匪反霸、捍卫新生的人民政权和革命胜利果实的剿匪斗争中。

黑山风云

茫茫黑山，山高林密、沟壑纵横、茨竹遍野、地势险要，横跨今澜沧的发展河、糯扎渡、酒井、惠民、勐朗等乡镇的十余个行政村以及勐海县的勐满、勐阿等毗邻地区，总面积千余平方千米。世代繁衍生息着汉、拉祜、哈尼、彝、傣、布朗等各族人民。新中国成立前，黑山地区实际上是李小泉、李发荣、戈朝河等国民党区长、乡长、保长、反动土司、地主恶霸的领地，他们网罗地痞恶棍、豢养家丁、组织武装、占山为王、分割统治、横行乡里、鱼肉人民，殃及澜沧、宁江、车里、佛海、南峤等广大地区，使黑山这座“母亲山”由此染上了浓厚的传奇色彩，背上了令人生畏的“土匪窝”的骂名。

1949年春，澜沧获得了解放，各族人民结束了苦难的历史、获得了新生，人民民主政权的建立引起了敌对势力的恐慌和仇视，他们内外勾结、狼狈为奸，组织反革命暴乱，进行反攻倒算，黑山地区再次陷入了水深火热之中。1949 年末，黑山惯匪戈朝河发动叛乱，围攻营盘区人民政府，残酷杀害区长曹介臣及民兵。

反革命暴行激起了人民的愤慨，为维护来之不易的胜利果实。1951 年 4 月澜沧各族人民开展了镇压反革命运动，对罪大恶极的反革命分子实行了坚决镇压，严厉打击了反动势力的嚣张气焰，巩固新生的人民政权。然而，反革命势力不会自动退出历史舞台，一大批畏罪逃亡境外的武装土匪、反动分子统统汇集在李弥部下，组成了所谓的“黑山独立支队”，并委任原黑山地区匪首李发林、辛培生、戴九云、戴老六、石扎迫等头目为“滇总黑山独立支队”副司令和大队

长，带领土匪多次骚扰黑山地区，妄图利用黑山的地理条件和社会关系，建立反共基地，发动叛乱，进行疯狂反扑。

1951 年 5 月，“黑山独立大队”大队长辛培生派心腹李五潜入黑山、勐乃煽动、拉联 20 余人出国为匪。7 月 14 日，辛培生率“黑山独立大队”24 人偷越国境到达看马山，欺骗、拉拢头人石扎迫、旧军人李德威，以喝咒水盟誓，并在看马山一带发动叛乱。7 月 19 日，辛匪进入打马河山中，与惯匪戴老六、戴九云、张保林合流，谋划攻打营盘区政府，决定于 7 月 21 日拂晓行动，同时派出中队长李生福等 8 名土匪埋伏在十二台坡妄图伏击进入打马河的武装人员，辛匪还捕捉抗保委员李章大并逼迫他交枪，遭到拒绝后将其杀害。拂晓前夕，辛有青（辛培生之弟）匪部按约定时间四面围攻营盘区政府，遭到人民解放军 39 师武工队员和政府工作人员的顽强抵抗，土匪被迫溃退到打马河一带。

失利后的辛培生匪部，趁解放军力量薄弱之机，流窜到勐阿、黑山、看马山、光头山、林排坡、发展河等地煽风点火，

❶ 弯角炮作战架势

❷ 自制土炮

策动叛乱，开展反动宣传说：“共产党搞解放，20 岁以上的男人都要杀光，共产共妻。”“反攻大陆有美国支持。”“外面枪炮多，只要去抬，人人都给。” 辛匪还扬言：“要捉拿跟共产党的干部和民兵。”并在大湾坡枪杀民兵李常生。在土匪的蛊惑、胁迫下，发展河民兵大队长冯家禄叛变入匪，不少老百姓被迫参加土匪，只有少数骨干民兵转入山中坚持战斗。

8 月 3 日，辛培生匪部在新营盘、酒井两区把胁迫、欺骗入伙的三百余人带出国外，交给了张伟诚和李希哲匪部。而石扎迫、李德威、戴老六、马瑞图等叛匪，仍然活动在看马山、发展河、黑山一带。黑山地区依然笼罩在暗无天日之中，新生的人民政权正面临着血与火的严峻考验，黑山各族人民盼星星、盼月亮，盼望着早日消灭土匪、获得新生。

进军黑山

土匪的骚扰和暴乱，闹得整个黑山地区鸡犬不宁，以发展河寨子为例，仅 30 户人家，就有 30 多名青壮年被诱骗入匪出国，许多人家无人耕田，不少家庭妻离子散、家破人亡。美丽的黑山遭受蹂躏，各族人民在痛苦中煎熬，土匪不灭、民无宁日，边疆就不可能得到稳定和发展。

1951 年 7 月，人民解放军在完成其他地区的剿匪任务后，39 师 115 团奉命进驻澜沧。8 月，一营二连自景东赶赴黑山地区剿匪，从而拉开了黑山剿匪的序幕。

初到黑山，人地两疏，二连进入黑山后未能详尽掌握土匪的活动规律，在进入打马河地区搜剿戴老六、石扎迫股匪进至南角河附近的细花台时，遭到敌人伏击受挫，付出了一定牺牲。这让戴老六、石扎迫更加嚣张起来，辛培生带领他的“独立大队”25 名土匪再次窜回黑山与石、戴两匪合流，继续负隅顽抗。10 月，二连再次进入打马河，在地方党政干部和人民群众的有力支援下，一举攻克了扎迫寨和南角河等地，并在帕令黑山、大南丙等地重创了土匪，使为非作歹多年的土匪无立足之地，残余潜逃出国。

李弥“反攻云南”的计划破产后，改变策略，针对大黑山地区，把“黑山独立大队”扩编为“黑山独立支队”，委任李发林为支队副司令，辛

115 团转业澜沧老战士 2002 年清明时，到发展河乡凭吊黑山剿匪牺牲的战友

培生、戴老六、石扎迫为副司令兼大队长。经过培训后，派入黑山地区打“游击”，并开辟了所谓的“敌后游击根据地”。

1952 年 2 月，戴老六、石扎迫、李德威等带领各自的武装队伍分别进入打马河、看马山、勐阿、黑山一带。3 月，李发林率直属中队辗转至装钱山，坐镇指挥各路土匪共三百余人。他们勾结反动土司、头人、匪首的旧关系，胁迫群众入匪，到处抢派粮食、阻断交通、杀害基层干部和积极分子，乃至滥杀无辜。谦迈抗保委员会副主任王家和、民兵钟长生被抓到十二台坡杀害，芒片寨交通员小银匠被暗杀，就连普通妇女、群众也被当作“查细水”的人而惨遭杀害。一时间，黑山地区山山有匪、寨寨遭殃，陷入血雨腥风之中。

由于黑山地域辽阔、山高林密，敌人凭借天然地理条件玩起“捉迷藏”战术，解放军决定另派二营进入黑山。1952 年 3 月，

解放军 115 团二营和公安团一个连奉命进驻黑山，并成立了剿匪委员会，由营盘区代理区长张瑞义任主任、二营教导员侯立基任副主任，各连连长和公安特派员等为委员。剿匪委员会通过充分调查研究，制订出详细的计划和作战方案，进行了明确分工：以主力部队控制打马河、看马山、发展河等战略要地；区政府组织粮食后勤、物资供应；工作队带领民兵运送粮食、伤员和打击流窜叛匪。同时有效地采取军事进剿和政治宣传相结合的战略方针，充分动员社会各方力量参加剿匪斗争，确保了剿匪斗争的顺利进行。

剿匪部队在人民群众的有力支援下，先后对看马山、打马河、发展河等地股匪稳、准、狠地给予了致命打击。经过几次进剿，打得戴老六、石扎迫狼狈逃窜，无藏身之地，并击毙匪首钟云生、老磨牙等。此时，李发林与辛培生矛盾激化、相互残杀，眼看大势已去，带着残匪匆匆逃至国外。辛培生、辛有青、陈惠州匪部不甘心，在第三次入境时，刚到那丙村的芒烈，就遭到剿匪部队的迎头痛击，大批弹药、反动宣传品、“国军”符号和盖有李弥大印的“委任状”均被缴获。

4 月以后，辛培生匪部继续活动在勐阿、黑山、酒井一带，戴老六、李德威匪部妄图凭借茫茫黑山与剿匪部队周旋。敌变我变，剿匪部队以排、班、组为单位，分散到各村寨。形成了山山剿匪、寨寨驻军、军民团结、同仇敌忾的战争局面，逼得土匪又冷又饿、无处藏身。在强大的政治和武装攻势下，土匪土崩瓦解，纷纷下山缴械自新、弃暗投明。辛培生、辛有青等狼狈出逃，戴老六、李德威成了光杆司令，分别在黑山、磨刀河被击毙，结束了罪恶的一生。

从 1951 年 7 月至 1952 年 8 月，经过一年多的艰苦斗争，黑山剿匪胜利结束。据不完全统计，共进行了 20 多次战斗，歼敌 270 余名，除少部分土匪出逃外，其余悉数被歼。

❶ 发展河烈士陵园公墓中安放着 26 个革命烈士的骨灰盒。他们分别是 1947 年至 1961 年在反蒋武装斗争和黑山地区剿匪战斗中牺牲的烈士

❷ 发展河烈士陵园公墓

由“云南反共救国军”李弥残部组织拼凑的“滇总黑山独立支队”彻底覆灭了，黑山地区终于拨开乌云、重现光明。

黑山丰碑

当年发生过激烈战斗的许多地方如今已物是人非，经过风雨洗礼的帕令黑山，山更绿、水更清，天地人和。然而每到一地，过上富裕日子的黑山各族群众都会向你讲述当年黑山剿匪那段令人亢奋的历史和一个个催人泪下的战斗故事，深切缅怀那些为了黑山人民的翻身解放，把鲜血洒在这片土地上的烈士们。

在那段不平凡的岁月里，人民解放军 115 团、公安部队指战员发扬不怕牺牲的大无畏革命英雄主义精神，充分发挥了主力军的骨干战斗作用。当地党委、政府和工作队员，全力组织民兵配合主力部队作战，全力保障部队粮食等后勤物资供应。民兵、妇女以及广大黑山地区的普通老百姓，也为整个黑山剿匪斗争的胜利做出了不可磨灭的贡献。他们站岗放哨、传递情报、护送运粮、抢救伤员、洗衣做饭。在斗争最艰苦的时期，妇女们护送伤员途经高山时，水源奇缺，担架上的昏迷伤员饥渴难耐、生命垂危，是哺乳期的妇女用乳汁换来伤病员的新生。在前线战斗最激烈、粮食最紧张的时刻，是广大民众从口中节省下粮食，冒着生命危险，通过敌战封锁区，把小米、豌豆送到前线。乡亲们把部队官兵当作亲人，用母亲般的慈爱和兄弟姐妹般的情谊，建立了深厚的军民鱼水情，为人民解放军

向青少年学生讲述烈士们的先进事迹

胜利清剿黑山地区的匪患做出了贡献。

走进今天的发展河，在乡机关驻地街边的一座小山梁上，矗立着一座烈士墓和一座烈士纪念碑，这是澜沧县委、县政府根据黑山人民的意愿，为纪念黑山剿匪战斗中牺牲的革命烈士而修建的。每年清明时节，人们都会不约而同地来到纪念碑前，凭吊英烈、寄托哀思。

烈士墓内共存放着40位在剿匪战斗中牺牲的烈士骨灰盒，他们都是在黑山剿匪中英勇献身的。在这些烈士中有参加过渡江战役、南征北战建立功勋的人民解放军指战员，有公安民警，有各族民兵、群众。其中，有6个骨灰盒是空的，英烈们没有留下自己的姓名，也没人知道他们的家在何方。为了边疆的民族解放事业，他们永远长眠在这片土地上。

风雨过后，黑山青松苍翠、层林尽染。英勇的人民解放军、民兵和各族人民用鲜血和生命铸就的黑山丰碑，将永远激励着黑山人民，在中国共产党的英明领导下，用自己勤劳的双手，去开创更加美好的未来。

发展河烈士陵园公墓墓志铭

登临孔明山

登上孔明山，怀想三国，感受一代名臣风采，评述历史功绩，一股厚重的历史感油然而生。

昔日刀光剑影的古战场，早已经埋没在漫长岁月的风尘下，却为后人留下了孔明山这样一个不朽的文化印迹。

孔明山，在澜沧县拉巴乡的西北部，位于小拉巴、芒东、南畔、大平掌的交界处，是拉祜山乡著名的五山之一。听到这个地名，就会让人油然而生一种激动，有一种好奇，有一种期待与向往。

寻找孔明山

在熟悉山路的向导带领下，我们从大平掌向着孔明山出发。下坡、走平路、上缓坡，走过村庄，走过田地。路边近处如柱似笋的石灰岩，正在从深厚的红土中拔地长起，高高的石灰岩上生长着几株龙血树，形态优雅地站立在高处。

站在山坡上回头望去，几处褐黑色的石灰岩，块块地里青绿的庄稼，东卡河、张贵寨、阿汝别、大平掌、被利夺、尹怕谷等几处远远近近的村庄，被很随意地摆放在稀薄的晨雾中。犁翻了的地块坦露出土壤的本色，由红色到黄色，再由黄色到灰黑色，随着山的升高，在渐趋变暗。

“从这里开始，后面的路就只有爬坡了。”向导告诉我们。爬坡，过箐，爬坡，再爬坡。爬完了一段坡，以为应该走一段平路了，可是抬头一望，前面又是更大的坡在等待着我们。一段坡，一身汗，衣服都被汗水浸湿了。翻过一条条山梁，过箐，前面还有更高的山梁等待着我们。真是山外有山，还好那山是大家期待着的孔明山。

不知道爬了多少段坡，也不知道翻过了多少条山梁，然后，我们进入了一条深深的山箐，道路左弯右拐，在箐水的冲刷、切割下，路面断断续续地顺箐而上。

山箐两边林木深深，时不时有野鸟长声悲号。箐中草丛茂密，没过头顶。山路时隐时现，清澈的山箐水在青黑色的石块间欢快地流淌着。突然，想不到的大雨倾盆而下，我们站在箐边的大树下躲雨，抬头一看，森林、山箐被蒙蒙的雾气包裹起来，时大时小的雨继续下着，草丛上挂满了晶亮的水珠，看样子天是一时半会儿晴不了，我们只能继续前行。

野藤挂拉，树枝阻拦，手中东倒西歪的雨伞似乎不起多少作用，不多会儿，全身就被野草上大挂大挂的水珠打湿了。

林深，草茂，雨雾蒙蒙。我们根本找不到路的痕迹，只是本能地跟随向导在深林的野草中左突右拐地向着前方艰难地前行着。

雾大，露水也大，走在林下的深箐中，也不知道雨什么时候停了。当我们走出山箐，再翻过几条山梁，上到平缓山顶的时候，全身几乎没有一点干的地方。

“这就是孔明山！”带路的向导兴奋地说。

行进中巧遇林中奇花异草

探究孔明山

哦，古老遥远的孔明山，我真的站立在您的怀抱里了。一时竟然忘了一路爬坡的疲劳，忘了一路雨淋的狼狈，在新奇、兴奋的心情中，我们四处搜寻着古战场的沟壑遗址。

站在阴冷的山顶上，浓雾沉沉，分不清东南西北。就好像一个飘浮在浓雾中的球，显得特别的渺小和孤零。

向导朝着浓雾深处指指点点。从这里向东是勐朗坝，向西北就是西盟山，西南则是孟连坝子，再往南就是缅甸国了。要是晴天就好了，可以极目远望南疆绿国风光，以及异域他国河山。如果是冬天登上这山巅，既可饱览孔明山上的奇丽风光，也可领略山下瑰丽壮观的云海。

近处的老栗树弯腰驼背，好像是这沉重的山压在了它的上面，而不是山在托举着树。驼毛一样厚实的苔藓包满了树干。也许正是这般弯腰驼背的树在支撑着天，是天的沉重把它们压得这般受苦受难的模样吧。林中的杨梅树正在抽出紫红的花穗，高山杜鹃生发着嫩黄色的新芽，在为山花烂漫的季节做着积极的准备。橄榄树上稀疏地挂着青绿的果实，救军粮果实已经由绿转黑、由硬转软，开始成熟了。

山顶上弯弯的树，野风中呼呼的树，浓浓的大雾，疾行的山风，草丛里伏着的石头。你们看到过孔明吗？你们记得孔明吗？能向我们讲述那段心底古老的历史吗？

经过一番东找西找，我们没有找到一个箭镞，一块马掌铁片，甚至连一处像驻军营垒的地形，做饭的锅台石堆也没有找到。难道，千军万马的足迹都随着孔明一起回去了吗？

坐在潮湿的高山草甸上，我们一边休息，一边听向导讲述关于孔明山的故事。

相传，孔明接受刘备盛邀三请而出茅庐，三分天下，治理蜀国。到了建兴三年（225 年），益州飞报：蛮王孟获，大

起蛮兵十万，犯境侵略。孔明急忙入朝奏明后主刘禅："臣观南蛮不服，实国家之大患也。南蛮之地，离国甚远，人多不习王化，收服甚难，臣当自领大军，前去征讨。"即令赵云、魏延为大将，总督军马，王平、张翼为副将，蜀将数十员，共起蜀兵五十万，亲自挥师南征。大队人马，饥餐渴饮，夜住晓行，浩浩荡荡，翻山越岭。所经之处，秋毫无犯，长驱深入

❶寻　觅

❷孔明山附近景色

❸森林王者

南蛮之境。

孔明率军一路征战，到达这里时正当六七月炎天，其热如火，烟瘴甚起，北方兵马不服南方水土，奇蚊叮咬，瘴气袭人，摆子缠身。而经过几擒几放的蛮王孟获仍然心中不服，向南搬来了身骑白象的版纳洞洞主木鹿大王，联合佤族部落头领，出兵援助孟获共同抗击蜀军。佤族的长刀、弓弩，配上傣族有毒的箭头，蜀军凡有中箭者，皮肉皆烂，五脏中毒而死。加之路途遥远、山路崎岖，后方粮草供应不济，大军一时不能取胜。正当进退为难之时，孔明得到当地拉祜族人指点，选择高山凉爽的地方避热、躲疫，方率大军来到这里安营扎寨。因此，后来这里就被当地人称为孔明山。

向导顺手摘了几枝成熟的救军粮果实递给我们。他说，当年蜀军后方粮草一时供应不济，孔明大军纪律严明，不许侵扰百姓，只能困厄山顶。也是孔明请教当地拉祜族人，知道这种野树果可以吃，才解决了当时的燃眉之急。因此孔明感叹地说：幸而有这种野树果拯救了大军啊。后人因为它有如此功劳，就给它取名为救军粮。

2

3

我的眼睛在挂满苔藓的古树老林间搜寻着，真希望突然一道火光在雾中闪过，端坐车中、纶巾羽扇、身衣道袍的孔明就突然出现在眼前，亲口向我们讲述他如何巧借东风、火烧赤壁，特别是七擒孟获，如变魔术一般展现怀中的一出出锦囊妙计……

遥想当年孔明站在山巅，望北苦思，心怀感叹，蛮方不平，安能吞吴灭魏，再兴汉室？生怕有负先帝刘备托孤之重，日夜谋计挥兵，希望早日全胜班师回归蜀中，筹措北伐。能神算三分天下的孔明，当时恐

怕也不难想到这是他一生中唯一因公南游的机会吧！但是，军务繁忙的他，哪里顾得了欣赏南国大自然的美丽风光。

孔明走了，带着他的蜀军将士，带着他经天纬地、再兴汉室的宏图大梦走了。军旗飘飘、战马嘶鸣的历史也随风而去。如今在四下冷风中，我还是想起了《三国演义》开篇的那首《临江仙·滚滚长江东逝水》：

> 滚滚长江东逝水，浪花淘尽英雄。是非成败转头空。青山依旧在，几度夕阳红。
>
> 白发渔樵江渚上，惯看秋月春风。一壶浊酒喜相逢。古今多少事，都付笑谈中。

时过而境不迁，人虽去却名留千古。怀古的感想油然而生。虽然当年的栅栏营垒早已不复存在，将士的白骨、鲜血已化作了茂盛的林木、遍野的荒草，昔日刀光剑影的古战场，早已经埋没在漫长岁月的风尘下，却为我们留下了孔明山这样一个不朽的文化印迹。我虽然无法知道野史的真伪如何，但是，当年孔明挥师南征，七擒七纵孟获，不但巩固了蜀国后方，加强了边陲的行政管辖，解除了他北伐魏国的后顾之忧，同时也播撒下了中原文明的思想文化种子，极大地紧密了边疆与内地的思想文化联系。

林中清流

高路入去端，风光在天上。孔明山，像

远眺孔明山

一座高高矗立的庙宇，我看见历史与文化的浓雾，像旺盛不绝的香火，在那里飘荡、缠绕。为什么？为什么在这西南遥远的大山之上，无房无庙，无碑无刻，会让一千八百多年前的孔明，仅仅因为一次征战经过，而让大字不识的百姓们世代记诵传名至今呢？

从李冰的都江堰，岳飞的岳母刺字，关云长的千里走单骑、闯五关斩六将，孔明的殚精竭虑，到为共和国鞠躬尽瘁的第一任总理周恩来……在中华民族的国脉民心中，是不是都奔涌着一种忠诚、坚韧、奉献，像黄河、长江一样斩杀不断、百折不挠、探索前行，像这大山一样矗立顶天的不朽精神呢？

是不是边地拉祜族民众把孔明山当作一粒中原文化的种子，希望它在边陲大地生草飞花、长树结果呢？

上问苍天无语，下叩大地不言，唯广大百姓的民心可鉴。

渐渐远去的骡蹄声

在现代文明日渐发展的今天，养骡子似乎是很久以前的陈年往事。当快速、方便、经济、实惠的现代工具逐渐替代人背骡运时，下芒甸人却在变与不变中，依然守候着渐渐远去的骡蹄声。因为，骡背上承载着他们祖祖辈辈太多的记忆、情感和流逝的岁月……

夕阳、流水、骡子还有村庄。这是一幅很多人没有见过的画面，藏在大山深处的人们，一直用他们厚重的情感，饲养着有灵性的骡子。在他们看来，骡背上驮起了他们的日子、驮起了希望。许多年过去了，当地人在变与不变中，静静守候着渐渐远去的骡蹄声。

在现代文明日渐发展的今天，养骡子似乎是很久以前的陈年往事。然而，在文东乡水塘村这个叫下芒甸的小村庄，依然还保留着养骡子的传统，尽管骡子的数量日渐减少，他们却依然坚守着那份难以割舍的人骡情缘。每每紧张繁重的劳作之余，山坡上啃食青草的骡子就会头向青天，“古吭、古吭”发出几声长嘶，这似从山峦和大地间发出的声音，接天连地，有时对面山坡上的骡子也会发出呼应，使声音连成一片，让人感到一股英雄之气直撞脑门，浑身的热血便跟着沸腾起来。

骡子是什么呢？这里的爷爷、大叔、大伯们说，骡子是驴和马杂交的产物，有雌雄之分，但都没有生育能力。它具有驴和马的优点，耐力好，负重力强，是人类很好的劳役帮手。至今，下芒甸人都爱养骡、护骡，那是数辈人留下来的传统。为了保卫边疆、建设边疆，祖辈们从 20 世纪 50 年代就开始赶骡运送物资，深山老林，荒郊野岭，山高路远，起早贪黑，风餐露宿，这是他们当年生活的真实写照。据说，那时马帮是内地通往边疆最重要的交通工具，内地人要到边疆，一般都是先与马帮搭伙，一来不会迷路，二来安全系数也较大，所以当年马帮的生意很红火。马帮的领头人叫马锅头，偏爱骡子，因为与马相比较，一匹好的骡子可以驮七八十公斤到一百公斤，差一些的也能驮五六十公斤，而马就驮不了那么多；而且骡子惯走山路，马却偏爱平原。当然，马也有优势，一是奔跑快，二是可以骑着作战。所以有“平原骑马，山路骑骡”的说法。但在这偏远的高寒山区，仍有“铜骡铁驴纸糊的马”之说。

岁月如痕，流逝了昨日的光阴，而对每一个赶过骡子的人来说，骡子无疑是他们最亲密的伙伴。寨子里已有 84 岁高龄的朱小黑爷爷说：只要养骡或是赶骡人，对骡子那可不是一般的情感，那年月再苦、再累、再饿，都要想办法整一些玉米等杂粮喂它。虽说是牲口，可骡子最通人性、最亲近主人、最懂得主人的意思，并且骡子有着长久的记忆，能够在迷境中走出困境。20 世纪 50 年代的时候，他们驮电线到糯福乡南段，在途中过夜，半夜时一只大老虎咬住一头骡子的脖颈，由于月黑风高，不能施手相助，被咬的骡子发出了“嗟、嗟”的凄厉叫声，待天明一看，原来是带着钢铃的头骡，当时所有的赶骡人无不伤心落泪。骡子赶长了，什么事都经历过，骡子救主人家、骡子掉崖滚坡、遭遇土匪打劫等等，那一幕幕往事，都是刻骨铭心、没齿难忘的记忆。

下芒甸是个有着五十多户人家的寨子，村子不大却有着远久的故事，依旧郁郁葱葱的老茶树，凹凸有致的石板路，无不在诉说着茶马古道昨天的繁忙。日渐稀薄，在村庄周围的田野上，骡子或站，或卧，或抖抖鬃毛再吃草，显得那么的安详、悠闲和自在。对于现在的下芒甸人而言，养骡子无疑也成为他们这一代人骄傲的事情。每天，养骡人都会精心照料着他们心爱的骡子，会给骡子添些草料，喂些玉米、蚕豆等精饲料。他们认为，骡子易养，但要摸清

村口的守望

它们的习性，很多时候得像养小孩一样去呵护，骡子养久了自然就会有感情，再辛苦也是幸福的。这就是他们的生活，平淡而实在。

每当养骡的人家准备把农家肥送往茶地时，头天晚上他们便会邀约骡友们商量，用互换的方式相互帮助驮肥。在主人家的火塘边，骡主们喝着小酒、抱着水烟筒，调侃、叨絮着家长里短，按照常规慢慢分配着劳作任务。次日清早，主人和前来相帮的骡友们各顾各地装肥捆垛，把农家肥运到十多里外的田地里。捆垛子这项看似难度不大的活计，其实也是有讲究的，垛子的重量、左右的平衡度、绳索的捆绑方法等，一样都不能粗心大意，这关系到骡子一路上的安全和耐力。说走就走，沿着蜿蜒的山道，骡子迈着不疾不徐的步子一路前行。一路上稍年轻的骡友吼起了山歌，在寂静空旷的原野山道，无疑是天籁般的声音，好心情自然会减少赶骡的寂寞和劳累。他们说，无论是雨天的泥滑路烂，还是干天的风吹黄灰，在崎岖陡峭、沟壑纵横的山路上，到目前为止，骡运仍然是不二的选择。从晴天走到雨季，从早走到晚，从春走到冬，走着走着，骡子老去了，赶骡人也不再年轻，唯有脚下的山路依旧如此。那些布满路面的石子和叫不出名来的野草，已经把根深扎大地，裸出地面的石子棱角，虽然已经打磨浑圆，却依旧硌着脚底。那青了又黄，黄了又青的野草，让生疼的脚稍微感受到路的温柔。一头骡子和赶骡人，不能改变什么，即便是一条和他们有着数十年交往的山道。赶骡，似乎并不包含多少技术成分，唯一的要求是一个人要有骡子一样的体力、耐力和脚力，重复着来来回回，重复着丈量一座座山的高度、一条条路的距离。

①林中小憩
②岁月留痕

❶ 马帮铃响
❷ 火塘边的故事
❸ 悠悠岁月

早些年，水塘村骡子多时曾达到过两百多匹。过去骡子不仅仅是一家人的财富，也是主要的劳力。骡子多的人家不仅粮豆满仓，收入来源也多，姑娘们能嫁个有骡马的人家是很靠谱的事。时移世易，如今，骡子成群的盛况已经不再，附近的几个寨子加起来也不过二十多匹，大凡养骡子的都是田地较远又不通公路的人家。

卸下农家肥，重新装上柴火，看着这些渐渐老去的赶骡人和这群识途而又不知疲倦的骡子，谁都会想，当道路一天天畅通，机动车辆一天天出入山村时，这些值得尊重的骡子，它们从历史的仆仆风尘中走来，又该走向何方呢？山路弯弯，这些养骡人走一趟也不容易，骡蹄声已渐渐远去，谁也不知道这些吃苦耐劳的骡子还能存在多少时日。但可以肯定的是，骡背上承载着山里人太多的记忆、情感和流逝的岁月。养骡子能否在现代文明的夹缝中，继续找到合适的立足点？尽管这个空间并不大，也不需要太多的理由，但，这或许就是新的人骡情缘。

❶

2

3

第二章
芦笙恋歌的故乡

澜沧是《芦笙恋歌》诞生的地方，是世界拉祜文化中心。在这片多情而有“磁性”的土地上，世世代代生活着拉祜、佤、哈尼、彝族、傣、布朗等8个世居民族，他们用勤劳和智慧共同演绎着澜沧绚丽多姿的民族文化。在这里，你可以聆听悠扬的芦笙，观看欢快的摆舞，畅饮甘醇的米酒，触摸古老的神鼓文化，探访崩人古老的造纸术，感悟原汁原味的民风民俗，感受人与人之间最真挚的情感……

从葫芦里走出来的民族

自称“拉祜”的猎虎民族，从甘肃、青海一路南迁来到澜沧这块神奇美丽的土地繁衍生息。他们吹笙起舞，用舞蹈感谢上天的赐予，展现四季的劳作和丰收的喜悦，用悠扬的芦笙奏响了拉祜人对美好生活的无限憧憬；他们以黑为美，黑色调的服饰是他们信仰的印刻；他们从葫芦里走出来，从古老的深山老林走出来，从无到有，从弱到强，一步一个脚印向着太阳奔去。

拉祜族在历史上被称作“猎虎的民族”。葫芦是拉祜族具有传奇色彩的吉祥物和生活伴侣，拉祜人自古就有“从葫芦里出来”的神话传说，把葫芦视为吉祥圣物，象征他们从葫芦里出来，向着太阳奔去的精神追求和吉祥幸福的美好心愿。在边地澜沧，许多拉祜族村寨的习俗中，每个拉祜男人身上至少有三个葫芦：一个装水或

酒，一个装火药，一个是葫芦笙。在日常生活中，人们喜欢用葫芦保存籽种，表示五谷丰登；喜欢饮用葫芦水，表示健康长寿。房屋、生产工具或所穿的服饰等都喜欢让其有葫芦的标志，以表达吉祥如意、福禄相伴相随之意。

源于古代氐羌南迁的拉祜族是云南省古老的少数民族之一，主要聚居在澜沧江东西两岸的澜沧、孟连、双江和耿马等地。在漫长的辗转迁徙过程中，勤劳勇敢、智慧善良的拉祜人创造了个性鲜明、特色浓郁、内蕴丰富的民族文化。

古老的民族传说

自古以来，神话、传说就与人类如影随形，拉祜族也不例外，同样有着本民族的远古神话、先民传说。翻开创世史诗《牡帕密帕》，犹如步入了拉祜民族的历史长河，拉祜族先民的起源、迁徙路径，远古时期的社会生活、生产风貌得到了较为完整的体现，并被赋予了浓厚的神话色彩。

相传，在远古的时候，宇宙间没有天地，没有万物及人类，整个宇宙一片混沌、迷茫，一丝尘埃变成了天神厄莎。后来，厄莎创造了天地、日月、星辰，又用自己身上的汗垢，为世界创造了各种各样的动物和植物。但因没有人类，总觉得寂寞，于是精心种植了一棵葫芦，葫芦成熟后，在小米雀

① 拉祜的祖先扎迪、娜迪

② 古老的民族传说

和老鼠的共同努力下被啄开了，走出一男一女两个人来，男的叫扎迪，女的叫娜迪。据说，这就是拉祜族的祖先。故，现在拉祜人男的名字须带“扎”，女的则须带“娜”。扎迪、娜迪成年后，厄莎为繁衍人类，便要他俩结婚。婚后，娜迪一次生下了12对孩子，12对孩子长大后，每对孩子又生了孩子，把山梁子住满了，把山吃光了，只好去啃泥巴。那时，他们终于追到一只豹子，大家一起平分豹肉。900人站成9行，分成9个民族。每个民族分得一份豹肉，按不同的食肉方法分成了拉祜、佤、哈尼、汉、傣等民族，并各自居住在不同的地域。

民族分好后，大家和睦地生活在一个叫“白氏南氏”的地方，各自过着自给自足的生活。数百年后，由于人口的繁衍，为了争夺地盘，征战不休，人们开始过着迁徙的生活。他们一路南迁，再南迁，部分迁到了缅甸、老挝、泰国等地，部分则沿着澜沧江来到了今天的澜沧，并在这块土地上繁衍生息，孕育出了自己独特的民族文化，拥有了自己特色鲜明的习俗和节庆。

欢歌“扩塔节”

过年就是一个个传统年俗的连接，一个个有关年俗故事的传承。作为中华56个民族大家庭中的一员，农历春节，也是拉祜族的年节，拉祜人又称其为“扩塔节”。拉祜人过年分为大年、小年，大年是女人的年，从正月初一至初四共4天。小年是男人的年，从初九到十一共3天，独具特色的拉祜年总会让人感受到另一番浓浓的年味。

迎春时节，高高的拉祜山总是充满着祥和的节日气氛，无论是县城还是村村寨寨都会被春意点缀得花花绿绿。过年虽然从正月初一开始，但是从腊月二十四打扫卫生起人们就开始了节前的准备，要把屋里屋外打扫干净。一层意思是打扫干净了，年神就会来过年，就会有快乐；另一层意思是把不好、不吉利的东西扫除掉，新

❶ 相聚拉祜风情园

❷ 抢新水

的一年重新开始。除此之外，拉祜人还要忙着置年货、杀年猪、腌腊肉、舂粑粑，辛勤劳作了一年的人们会在这几天忙得不亦乐乎，图个年节热热闹闹、吉祥幸福。除夕，各家各户都会团圆、守夜，也叫守岁。

拉祜人有抢新水的习俗，新水寓意幸福纯洁。据说，谁家先抢到新水，谁家的福分就更多，新的一年会有好运相伴。因此，当初一的头遍鸡叫后，拉祜山寨的年轻人就会匆匆背起背篓，拿上竹筒、葫芦等器具，手持火把，争先恐后地向山泉奔去抢新水。新水接回家煨热了给家中的长辈们洗手拜年，送去深深的祝福，这一古老的习俗一直沿袭至今。在城里的同胞因为条件的限制虽然已经省略了这一过程，但携家带眷倾城而出，赶往县城户外大草坝参

加丢沙包、荡秋千、套圈等各式各样的游园活动却也让拉祜山拥有另一番年味。

从正月初二开始，寂静的拉祜山便热闹起来。来自城区的陀螺、射弩爱好者都会汇集在县城大草坝开始体育竞技比赛。比赛不分年龄、不分性别，只要你会都可参加。这天，身居山寨的拉祜人也会邀约举行隆重、盛大的“跳芦笙”。午饭过后，身着盛装的拉祜男女老幼纷纷汇聚到寨子中央的空场上，在舞场恭恭敬敬地摆放篾箩，敬上祭神祭祖的糯米粑粑、香蜡、酒等供品和祈福的籽种、泥土。庄重而简短的仪式过后，娴熟的芦笙手、三弦手吹奏起古老动听的曲调，男子依次围成里圈，女子围在外圈，大家“联袂而歌，踏地为节”，顺逆时针方向边舞边唱。舞蹈以足踏动作为主，唱的有玉米歌、栽秧歌、收获歌、三脚歌、合脚歌、缩脚歌、阉鸡摆尾歌、斑鸠拣谷子歌、拉藤歌等，酣畅淋漓地表现了劳动狩猎场景或模拟动物的有趣动作，格调古朴，动作热情洒脱或诙谐有趣。在拉祜民间有“听得芦笙响，脚底板发痒”的说法。跳笙结束后，人们纷纷抓取一把经过跳笙附有“福气”的籽种或泥土，带回家播种，认为来年必能获得丰收。

有缘相聚

年初三，是最热闹的日子。自改革开放以来，虽然老百姓的年

❶ 各族儿女同欢庆

❷ 拉祜接年神

过得越来越富足，拜年的方式也在不断变迁，但在澜沧仍保留着每年正月初三举行“扩塔”拜年的习俗。这一天，来自各乡镇的少数民族群众，都会身着节日的盛装，敲锣打鼓，吹起芦笙，载歌载舞，用自己独特的方式，带着本民族的深情厚谊举行一年一度的拜年仪式。据了解，从20世纪80年代起，为了感谢党的恩情，县属所有乡镇每年都会选出群众代表来到城里给全县各族人民拜年，共同联欢。后因人员众多而改为每年由两个乡镇进城举行联欢拜年活动。活动现场，各族群众唱着欢快的歌、跳着热情奔放的舞，用古朴而隆重的祭拜仪式，向全县各族人民敬献象征吉祥幸福的礼品，表达他们对幸福生活的追求和对美好未来的向往。在拜年队伍里来拜年的群众抬着粑粑、猪头、甘蔗等礼品，别看这些普通的礼品很不起眼，却都具有特殊的象征意义。猪头象征民族大团结和来年的大发展，粑粑象征团圆和谐，而甘蔗则象征新的一年里日子节节高升、甜甜蜜蜜。

入夜，上万人集聚广场，同

欢同乐，拉着手、围成圈欢歌起舞，一次又一次燃放的焰火点亮了拉祜山乡的夜空。此时此刻，不分地域、民族、男女，全都欢聚在一起，共同欢度这一年一度的拜年活动。活动从中午直至第二天凌晨，那种热闹劲儿，若非亲自参与，自然无法体会。

鲁迅在《且介亭杂文集》中说：“只有民族的，才是世界的。”近年来，拉祜山充满浓郁民族特色的拜年习俗和联欢活动，不但成了朋友畅叙友谊，各民族间增进团结的欢乐幸福节，还吸引了越来越多的外地游客前来旅游观光，使得拉祜文化名声渐起。澜沧犹如一个刚掀开神秘面纱的少女，正以其独特的魅力吸引着世人的目光。

❶ 民族民间歌舞联欢晚会

❷ 火树银花不夜天

❶ 拴线祈福

❷ 祈　祷

纵情“九皇会”

“九皇会”是拉祜族独有的节日，拉祜语称之为“帕阔”。传说正月初九是天神“厄莎”赐福的日子，是拉祜兄弟姐妹团聚的日子。“九皇会”也叫男人节。据说古时候，到了过大年时，男人们仍在外打猎，当男人们带着猎物回家时，年已经过完，为了慰劳满载而归的男人，村寨又重新过一次年，因为是正月初九这一天过，所以又叫九皇会。这一天，生活在澜沧黑河沿岸的拉祜族群众，都会不约而同地汇集到富邦乡的赛罕坝子，迎春接福，纵情欢歌，感谢上天赐予的谷物种子，感谢阳光雨露，感谢万物生长，感谢生命的圣灵。

清晨，家家户户就会起床烧火，在堂屋和门口点香祭拜家神、先祖，祈求全家平安幸福、事事顺利，之后才开始蒸糯米，为舂粑粑做好准备。厚道的拉祜族知道，这一天会有远道而来的客人，无论是谁，来的都是客，都会得到盛情的款待。

上午 10 点左右，合着芦笙悠扬的节拍，赛罕村的拉祜族一定会准时迎接从南岭乡勐炳村来的兄弟姐妹。年年岁岁花相似，岁岁年年人不同，一年后的今天再相聚，这个传说从葫芦里出来的民族，始终把情谊看得特别真、特别重，如同流淌了千百年的黑河水一样源远流长，在忘我的境界里用芦笙传情，把酒言欢，在缠绵的古歌吟唱中，一路追忆先祖的足迹、寻找那些逝去的时光。

吃过午饭，晚辈们就带着粑粑、香、蜡、烟、茶、米等年礼，到自己的大舅家拜年。按照拉祜传统的风俗礼仪，长辈会为小辈拴线祝福，这种长幼有序、父母为先、长者为大、尊重族人的伦理道德观，表现为行之有效的礼仪制度，是拉祜族倡导人与人和谐共处的重要基础。

中午 12 点左右，随着通天的铓锣敲响，隆重、神秘、虔

拉起手，围成圈，
心儿贴着心

诚而又热烈的九皇会正式拉开序幕。念念有词的佛爷分别向四个方向的佛房烧香祷告，这时候族人们都会自觉地跪拜着迎接天神厄莎的到来。拉祜人认为，初九这天，天神厄莎会下凡到寨子里，给拉祜人赐福，赐予新的谷物种子，赐予风调雨顺、五谷丰登、六畜兴旺，赐予百姓们健康快乐、吉祥幸福。当然了，厚道的拉祜人也会将一年辛勤劳作的果实祭献给厄莎，将最美妙的歌舞敬献给厄莎。因此，《芦笙舞》这一拉祜民族最古老的传统舞蹈，在这一天跳得尤为欢畅，展现得淋漓尽致。来自四乡八里，身着艳丽服饰的拉祜族群众个个满怀喜悦、精神饱满，欢庆团聚。这一天，在宽敞的祭祀广场，人声鼎沸，盛况空前。姑娘、小伙唱情歌，中老年人唱年歌、生产劳动歌，数百人手挽手围成数圈，非常默契地以同一步伐，向同一个方向进退，伴以芦笙浑厚的共鸣，气势磅礴，催人奋进。舞者刚中带柔、柔中带刚的天人和谐的气势，形成了绚丽、壮

❶ 向人间播撒幸福

❷ 向神灵敬献酒

观的气场。

当各地的拉祜族吹起芦笙、跳起芦笙舞，展示五彩缤纷、鲜艳夺目的服饰时，就会有人评价谁的芦笙最响、谁的舞跳得最美、谁的歌唱得最好、谁的服饰最好看。此时，拉祜族的文化就得到了最有效的展示。九皇会这个沿袭了多年的年俗礼仪，始终都以舞蹈的形式表现出拉祜族对神灵、祖先的感激和敬奉。他们中有古稀之年的老者，也有稚嫩的孩童，是一台全民欢歌的盛会。拉祜人说，只有过了“帕阔”节，心里才踏实，才会睡得着觉，才会没有更多的牵挂和担心的事情。因为得到了天神厄莎的庇护和赐福。

九皇会是拉祜族璀璨文化的重要组成部分，充分体现了这个民族对文化的创造力和生存智慧。他们追求美好事物，倡导人与自然和谐、人与人和谐、人与社会和谐，而今在拉祜山乡这块土地上又焕发出勃勃生机。

❶ 葫芦广场落成

❷ 和谐共融

欢庆“阿朋阿龙尼”

葫芦节，拉祜语称为“阿朋阿龙尼”，源自拉祜族创世史诗《牡帕密帕》。最初的时间是每年农历十月十五、十六、十七日，2006年调整为每年公历的4月8日、9日、10日，以体现春回大地、万物复苏、葫芦萌芽、兴旺发达的时代精神和美好愿望。

每当葫芦节到来，拉祜人民都欢欣鼓舞。一大早，他们身着节日的盛装，带着自酿的美酒和糯米粑粑，杀猪宰羊，集中在村子里的广场上，载歌载舞，通宵达旦，开始一年一度的庆祝活动。全寨或数寨人同场欢歌起舞，数十或数百支芦笙同时吹奏。刹那间，一种振奋人心的宏大气势将挑拨起人们参与的兴致，场面十分壮观。

午饭后，广场中央放置着一张木桌，桌面上端端正正地插了一枝青翠欲滴的松枝，桌子下面的土地上，插着三炷香，缭绕的香火寓示着追随太阳的人平平安安走过一个又一个的白天和黑夜。几位老者在场子中央吹响了葫芦笙，边吹边跳，很快就进入了忘我的境界。孩童们按捺不住地跟在老人的后面，

合着芦笙的节拍，以松枝为圆心，手牵手围成了一个圈儿欢快地跳起来，构成了一幅动人的老少欢乐图。男人们吹起芦笙，妇女们跳起欢快的摆舞，舞蹈尽情地表现一年四季中，人们辛勤劳动、丰收喜悦的场景。他们以跳歌的形式感谢上天赐予的阳光雨露、风调雨顺、万物生长，感谢葫芦带给他们生命的圣灵，他们认为生命是永远值得感恩的。

入夜，熊熊的篝火，伴着悠扬的笙音、低沉的象脚鼓，老人们在如痴如醉地歌唱着拉祜族创世史诗《牡帕密帕》里生命的欢乐与不易。一个个凄美、欢乐的故事伴随着老人缠绵、舒缓的歌声，仿佛在火光中跳跃、在鼓声中回响、在月色中环绕，在生命之河流淌。就这样，三天三夜中，人们不停地跳着、唱着，唱着、跳着，尽情地欢乐，忘我地陶醉。

欢度葫芦节

渴了，喝口米酒，饿了，吃口粑粑，累了、困了，休息一下接着再跳、再唱……

文化的力量是巨大的，它如春风细雨般影响和滋润着一个民族，甚至是一个地域的多个民族。近年来，葫芦节从农村走向了城里，已发展成为凝聚全县 50 万各族人民同欢共庆的盛大节日。在这盛大的节日里，县城里到处人潮涌动，来自四面八方的宾朋好友和 20 个乡镇的各族群众相聚在一起共度佳节，共享拉祜文化的无穷魅力。特别在 2011 年牡帕密帕葫芦广场建成之后，节日的氛围显得更为浓烈。在空旷的露天舞台上，山歌对唱、各民族原生态歌舞表演，真可谓风格迥异。歌，一曲接着一曲，舞，一台连着一台，唱的、跳的都在借助这个舞台尽情地展示各自的风采。台下，以广场偌大的葫芦为中心，本县的、外来的，拉祜族、佤族、傣族、布朗族……大家不分你我、不分族别、不分男女老少，共同领略各种民间文化习俗带来的无限快乐。场内场外，每年不同主题、内容丰富、形式

多样、精彩纷呈的系列活动烘托出了全县各族人民欢乐祥和、喜庆热烈的节日气氛。

如今，随着国家文化惠民工程的不断推进和普及，葫芦节从拉祜族的个体狂欢变成了拉祜族及其他世居民族同欢共度的集体大联欢，从过去单纯的祈福活动，变成了现在传承和纳新的一个包罗万象的传统节日。成为社会各界朋友相约澜沧、了解澜沧的盛会，成为中外客商投资澜沧、发展澜沧的平台，成为宣传澜沧、推介澜沧的重要窗口和桥梁。

就恋这份黑

人的穿戴是文明的标志，是审美的体现，也是信仰的记刻。在一路向南迁徙的历史进程中，拉祜族逐步分为“拉祜纳”和“拉祜西”两大支系。但无论是哪个支系，居住在澜沧县境内的拉祜人一直喜爱传统的黑色服饰，不论男女服饰都以黑色为主色调、以黑色元素为美的象征。透过他们的服饰，至今仍可窥见古代氐羌民族的衣着形象。

拉祜纳服饰基本保留了传统的特点，头裹一丈多长的

❶节到福到

❷民族习俗体验——舂粑粑

黑色头巾。衣服由四片黑色土布缝制而成，高领，长袖，右开襟，两边齐腰开衩口。生活在黑河以南及傣族聚居区的拉祜族妇女服饰为改进款式，妇女上身穿圆领、开襟、窄袖短衫，开襟的左右两边钉有银泡和各种彩色布条。下身为宽大的筒裙，用红、黄、蓝、绿色布条做成花边，在花边上绣上各种不同的花纹图案。其中三道明显的红、黄、绿布条，代表拉祜族在迁徙史上有三次大的战争。正方形和长方形图案，象征着拉祜族人民团结和睦。犬牙形的图纹、图形，则表示拉祜人对狗的尊重。据说拉祜族祖先是吃狗奶长大的，因此，至今还流传着“拉祜族不吃狗肉”的说法。而居住在糯福乡等地的拉祜西服饰则一直延续传统式样的和尚领、通肩袖、不收腰，从圆领开始到臂部斜开襟，衣长齐腰，在袖口、臂部、开襟两边、衣服脚边分别用红色和浅红色绣出宽窄不等的花边。胸前系“凸”字形围腰，缝制讲究，黑布白底，黑布中间绣花，边上镶有各种绒花图案和无数银泡，还缀放一排三十多串的芝麻铃，用一条八股头银链系在胸前，以示吉祥。下身穿宽大的长筒裙，头缠白色毛巾并点缀毛线编织出来的手工

❶ 木戛一带拉祜纳

❷ 狗齿状的服饰边缘

❶ 就恋这份黑

❷ 糯福一带拉祜西

艺品。

拉祜男子的服饰两个支系大致相同，上身多数穿无领对襟短衣，青年人里面配一件白领褂子，黑白搭配如同喜鹊般漂亮，下身是裤管偏大的大摆裆裤。男子出门时通常佩挂长刀和挎包，长刀既是生产工具，又是自卫武器，有些还是世代相传的。头上的佩饰分两种，一种是裹头巾，另一种是佩戴西瓜醒帽。拉祜族不管男女出门都习惯背一个挎包，拉祜语叫“米搓”。

穿上自制的服装，在竹林深处、芭蕉树旁、小河边，拉祜小伙吹起芦笙，羞涩的女孩则会悄悄地拿出口弦回应。他们用芦笙和口弦来传情达意，互表爱慕之心。悠扬动人的笙声和轻柔多情的口弦声，你来我往，一唱一和，合奏出夜色中浪漫的爱情曲，表达出姑娘和小伙的深深恋情。

笙声不息

芦笙不是拉祜族独有的乐器，但却是拉祜族最钟爱的乐器。在拉祜族创世史诗《牡帕密帕》中说，人类的始祖扎迪和娜迪是从葫芦中诞生的，拉祜族的祖先也是从葫芦里出来的。所以，拉祜人崇敬葫芦，把葫芦视作祖先诞生的母体象征，在民间流传着这样的歌谣："没有成熟的葫芦，就没有拉祜的欢歌。"拉祜人认为葫芦笙吹出的声音能与天神通话，能使人们闻声相聚，人们跳起芦笙舞，可以超越时空、与神同乐，得到神的庇佑。

葫芦笙，拉祜语称其为"瑙"，关于它的来源也有一个美丽的传说：很久以前，一户拉祜族人独居在深山密林中，家中有五个儿子。有一次，五个儿子都走出了家门，有的出去找药，有的出去找吃的。五兄弟去了很久也不见回来，父母都等急了。他们大声呼唤也听不到儿子们的回音，嗓子都喊哑了。情急之下想出了一个绝妙办法，用葫芦做共鸣箱，内插五根带簧片的泡竹管做成芦笙，想用笙音唤回五个不归的儿子。于是就站在山头上，向东、南、西、北四个方向吹响芦笙。芦笙越吹越响，结果分散四处的儿子听到悠扬的笙音后，都循声走了回来，一家人终于团聚了。老人拿着葫芦笙对儿子们说："你们瞧，这五根长短不一的笙管就代表

❶ 拉祜之子
❷ 拉祜芦笙舞
❸ 笙声不息

2

3

葫芦笙

着你们——我的五个儿子，你们要像芦笙那样五个异口同声，要团结，不要分离。”拉祜人认为，葫芦做成的芦笙本身就是一种神圣的象征，吹响的葫芦笙告诉人们一条颠扑不破的真理：团结和谐，和睦共处。

不知从什么时候起，葫芦笙就一直伴随着拉祜人。老年人每天起床的第一件事就是吹响芦笙，用心中的乐章去迎接新的黎明；年轻人每天出工收工，总是一边吹着芦笙一边走，哪怕负重而行，他们也不愿放下手中的芦笙。无论怎么累，只要吹响芦笙就解了乏。逢年节和欢庆的时候，拉祜人用芦笙来传播心中的喜悦；恋爱时，他们靠芦笙来传达心底的秘密；收获时，他们用芦笙来赞颂辛勤的汗水、感谢上苍的恩赐；苦闷时，他们借芦笙来驱散胸中的愁云。芦笙成了拉祜人传递情感、寄托哀思的亲密伙伴，笙音回荡在芦笙恋歌的故乡，久久不息，永不消逝。

向着太阳奔去

从葫芦里走出来，从古老的深山老林中走出来。从无到有，从弱到强；从民族受压迫、受剥削到民族平等、当家做主；从愚昧落后的生产生活方式到社会主义新型的劳动者、创造者，这就是拉祜族社会逐渐发展进步的基本过程。

拉祜族在历史上由于不停地迁徙，又长期遭受统治阶级的压迫和剥削，受到清王朝的血腥镇压，国民党统治时期又推行民族歧视政策，拉祜族在新中国成立前几乎灭绝。为了实现政治上的

平等权利，反抗民族压迫和阶级奴役，近百年来，拉祜族人民和其他兄弟民族先后举行了二十多次大大小小的起义，进行了可歌可泣的斗争。最终，在中国共产党的领导下，经过长期的艰苦奋斗，拉祜族人民从千百年的桎梏中解放了出来，获得了彻底的翻身解放。1953 年 4 月 7 日，新中国唯一的拉祜族自治县诞生了。澜沧拉祜族自治县的成立，使拉祜族人民终于实现了千百年来梦寐以求的美好愿望。民族区域自治政策像一阵阵温暖的春风，吹到了拉祜山乡的千家万户，似一股股甘甜的山泉，深深地注入拉祜人民的心田。拉祜人民当家做主了，族称也由“倮黑”改为自称的“拉祜雅”。并在党和政府的培养教育下，涌现出了李光华等优秀的拉祜儿女。

❶ 快乐拉祜

❷ 太阳鼓

改革开放以来，随着国家现代化建设步伐的加快，拉祜

族地区的社会经济也得到了快速的发展，广大拉祜族群众从过去的一无所有发展到有房子、有太阳能、有沼气、有厕所、有发展项目、有存款、有交通工具。拉祜人民正朝着县委、县政府提出的“改革开放活县、绿色经济强县、科教人才兴县、拉祜文化名县、和谐社会建县”的发展思路迈进，与其他各民族共同唱响了“拉祜文化名县”的主旋律。

永恒的婚誓

半个多世纪前，一部荧屏经典《芦笙恋歌》，令拉祜族为世人所知；一曲全国人民耳熟能详的《婚誓》，更是影响深远。“阿哥阿妹情意长，好像流水日夜响……”的动人旋律，唱出了拉祜人对爱情和理想生活的向往。

“解放三十多年了，还只有这么一部描写我们拉祜人的电影，你再给我们写一部吧！”这是 1981 年春，著名作家彭荆风重访澜沧时听到的拉祜人心中的呼唤。透过这些声音，透过雷振邦老师留下的日记和图片等珍贵资料，今天的拉祜儿女仿佛又回到了六十多年前，那片回荡着情歌的拉祜山乡。

永远的情歌

回忆的匣子刚打开一条缝，过往的岁月就透出温暖的光。那是 1953 年的一个秋天，借着自己在驻澜期间对拉祜族的鲜明印象，彭荆风利用到普洱开会的机会着手短篇小说《当芦笙响起的时候》的创作，小说不断地被选载，引起

了电影界的注意，1956年由长春电影制片厂于彦夫导演开拍了电影《芦笙恋歌》。1957年末，电影在全国公映。之后，又经过百转千回之路，最终成为一部永恒的经典、一个时代不可抹灭的印记。澜沧，这片神奇美丽的热土，正是《芦笙恋歌》的故乡。拉祜族青年扎妥和娜娃令人揪心的情感故事，就发生在这里。这段跌宕起伏的爱情，曾经令无数人动容，这份守得云开见月明的坚贞不渝，更是温暖过无数人的内心。

为了给电影《芦笙恋歌》创作主题曲，1956年12月，著名作曲家雷振邦不辞辛苦，骑着骡子，跋山涉水，穿过茫茫的原始丛林来到了边地澜沧，并作为群众的一分子来到了拉祜族寨子，跟他们一起生活，参加他们的歌舞活动，与他们建立了亲人般的情感。澜沧最独特的，也是整个滇西南地区最有代表性的东西，就是“人情”，也正是这种最质朴的感情促发了雷振邦的创作决心。他对音乐的天赋，一点一滴发酵成熟，最终催生出《婚誓》，至今传唱不衰。

在澜沧的拉祜族民间，流传着这样一个戏剧性的故事：

当年，雷振邦来到澜沧的一个拉祜族山寨采风，在寨子生活工作了一段时间后又前往别处。过了一段时间，雷振邦又回到这个山寨。走进他住的竹楼，就发现一大块长了毛的猪肉。他很奇怪，心想是不是自己不小心触犯了拉祜人的禁忌，所以他们用这种方式惩罚他，

❶ 电影《芦笙恋歌》
❷ 主人公扎妥和娜娃

就去问竹楼的主人发生了什么事情。竹楼的主人是一个拉祜族汉子，他告诉雷振邦，拉祜族有个风俗：寨子里杀猪，每家都会分到一块猪肉。前些日子，寨子里杀了头猪，因为把雷振邦当作了一家人，所以留了一块猪肉给他。在那个物质相对匮乏的年代，分给雷老师的猪肉就放在竹楼里，直到长了毛，也没有人去动。拉祜人的质朴和善良，令雷振邦大受感动，他发誓一定要用优秀的作品，感谢和颂扬拉祜人的勤劳勇敢、淳朴善良。经过一段时间的采风，经过对拉祜族芦笙曲调等的提炼与再创作，雷振邦与于彦夫合作的《芦笙恋歌》的主题曲《婚誓》诞生了，并作为影片的音乐主题贯穿影片始终。

雷振邦先生告诉女儿雷蕾，《婚誓》是拉祜族的民族音乐给他的创作灵感。在创作时，运用了民歌的素材和方法，从当中进行发展和延伸，在每一句旋律的最后，又回到拉祜族民歌的风格上去。因为采风时当地的拉祜族百姓有一边跳舞，一边吹着芦笙的习惯，在跳的时候，可能呼吸不匀，从而形成了当地的一种音乐特色。结合这个特点，所以歌曲采用了三拍。

❶雷振邦（将一生奉献给音乐事业的老一辈艺术家，经典歌曲《婚誓》的创作者）

❷彭荆风与少数民族群众在一起

“阿哥阿妹的情意长，好像那流水日夜响……”歌曲旋律悠扬，蕴含着浓郁的拉祜民族元素，散发着20世纪50年代特有的质朴气息。歌词和曲调塑造的音乐形象生动活泼，八三拍的运用富于特色，舞蹈的韵律动感十足。歌曲得到了拉祜族同胞的认可，也得到了全国电影观众的喜爱。在影片浪漫情怀的滋养下，生活在这里的人们，从未停止过歌唱。

生生不息的精神脉络

雷振邦先生到澜沧拉祜族地区采风的经历，为《婚誓》旋律的成型奠定了基础，几段简单而情感真挚的歌词，也与

澜沧的拉祜族有着千丝万缕的联系。

电影《芦笙恋歌》的男女主人公扎妥、娜娃这两个人名，便是由拉祜族创世史诗《牡帕密帕》中的拉祜族先人扎迪、娜迪演化而来，而史诗的主体旋律中极具特点的吟唱方式，更为《婚誓》奠定了拉祜风情十足的基调。《牡帕密帕》是拉祜族长篇诗体创世神话，讲述了天神厄莎如何创造世间万物及拉祜先民的生产、生活状况。主要流传于县内拉祜族聚居的木戛、富邦、竹塘、糯福、拉巴、南岭、东回、酒井等地区，于2006年6月被列入国家级非物质文化遗产保护名录——民间文学类目。“牡帕密帕”是拉祜语的音译，意为“造天造地”。

为了探寻雷振邦先生五十多年前创作的《婚誓》在澜沧土地上深埋的根系，也为了深入了解拉祜族生生不息的精神脉络，我们拜访了酒井乡勐根村老达保寨子里拉祜族创世史诗《牡帕密帕》的传

❶ 秋千荡到晴空里

❷ 拉祜族芦笙舞的传承

承人李扎戈、李扎倮、李扎莫三兄弟。从第一代传承人李扎巴和李娜尼开始，这一代《牡帕密帕》传承人已是第六代了。围坐在火塘边，一段悠长古朴的歌声从老人们的口中响起，时间一下子变得缓慢起来。那是一段通过时光隧道从远古飘来的歌声，哪怕是第一次听到，你都能从心底里告诉自己，它从诞生之日起就已经是这样了。坚定有力的主调紧随着温柔低吟的和声，像山谷的回音一般萦绕在空中。这歌声更像是一种不厌其烦的叙述，在循环往复的音调中沉稳而睿智的教导。老人眯缝着眼睛，不是那种陶醉其中的神情，而似乎是在跟时间对话。偶尔，他们会从那段古老的时间中抽离出来，回到现实，拢一拢火塘里的柴火，然后再回到那个时间里。

老人告诉我们，就是在这样幽幽的火塘边，在田间劳作的间隙，在父母的膝头，在繁星满天的夜晚，这样的歌声伴随着他们度过了整个成长的岁月。如果一个孩子从十多岁开始学习，那么至少要等到他临近中年，才可能比较全面地理解和掌握整个史诗的内容，才有能力承担起一个传承者的责任。烦琐细碎，几乎囊括了社会生活方方面面的内容，宏大而完整的世界观，不是仅仅通过短暂的记忆就能背下来的，只有“日复一日不断地吟唱”，这条路才能走得通。而传承，往往就是在这些不经意间的分分秒秒中完成的。从《牡帕密帕》到《婚誓》，不同文化的相遇和碰撞、融合与发扬，似乎能令人感受到雷振邦先

吟唱《牡帕密帕》

生当年创作音乐时的动机与情怀。

《婚誓》的旋律，从澜沧世代传唱的古歌《牡帕密帕》的基调中演变而来，又回过头来在澜沧播撒下善良、勇气和爱的种子。今天，这颗种子正在生机勃勃的澜沧大地上开出璀璨、绚丽的花朵，成为澜沧留下的精神遗产和榜样力量，发挥着持久而强大的影响，使澜沧的文化事业发生着日新月异的变化。澜沧也逐渐在这种精神的指引下，探索出一条既符合市场规律又符合文化生产规律的道路。如今，围绕着拉祜这个主体民族的文化特色村镇建设已经初露端倪，由快乐拉祜、野阔拉祜、神鼓拉祜、芦笙拉祜、摆舞拉祜、编织拉祜组成的“六个拉祜”，正在勾勒出澜沧拉祜族旗帜鲜明的文化肌理，哈列贾 (HALEJA) 乡村音乐小镇项目的日渐完善，更为澜沧带来时尚与传统完美融汇的文化风貌。

《婚誓》，一首陪伴人们五十余载的歌曲，一段感动和影响了几代国人的优美旋律，它所蕴含的丰富情感带给拉祜人的，不仅仅是民族性格的共鸣，更承载着一个民族的一世情缘，对澜沧而言，意义更加不凡。它已经不仅仅是一支简单的电影主题曲，而是上升到了这片土地上一个时代的烙印、一腔柔情与刚毅并存的独特情怀，一张无可替代的文化名片。澜沧与《婚誓》的关系，像母亲

①阿哥阿妹情意长

②拉祜族青年男女互诉衷肠

和孩子的血缘之亲。拉祜族久远灿烂的民族文化底蕴和绚烂多姿的民俗风情，是在老一辈艺术家卓越的艺术造诣下，孕育出的传世经典。如今，《婚誓》如同一个时光胶囊，带着那令所有人耳熟能详的旋律，将一个漫长时代的共同记忆妥善封存。而其所留存下来的精神力量，正在不停地散发出光和热，丰富和滋养着澜沧这片神奇土地上自成一体的艺术特质，令这里原本就活力四射的原生态艺术架构，激发出更加生机勃发的生命力，形成独具魅力的艺术生态环境。它所颂扬的精神，也正以最贴近人心的方式，得以传承。

澜沧，承载着《婚誓》和所有为之付出心力的人们在半个多世纪前寄托的美好愿望，守住了对艺术和生命最纯真的信仰，也守住了自己血液里流淌的善良、热情、勤劳和勇敢，快乐地在越来越广阔的舞台上歌唱，舞出更加灿烂、明媚的未来。

拉祜 拉祜

世代繁衍生息在这里的拉祜人善良淳厚，从不以恶意猜度别人。他们热情真诚，会拿最好的东西招待客人，以最真的笑脸对待别人。他们率真开朗，喜欢大碗喝酒、大块吃肉，该歌则歌，该舞则舞……

一方水土养一方人。地处西南边陲澜沧江沿岸的澜沧县，生活着二十多万拉祜族，聚集了全世界三分之一、全国二分之一的拉祜族人口，是全国唯一的拉祜族自治县。澜沧山多、林密、水长，过去长期偏于一隅，与外界隔绝，但澜沧文化独特，多民族、多区域文化相互融合，孕育了澜沧人本真的性格特征。走进拉祜山乡，犹如进入了歌舞的海洋，三岭九寨，木楼广场，到处都可听到悠扬的芦笙、欢乐的山歌，看到欢快的摆舞、纵情的芦笙舞，让你领略拉祜这个忠厚善良、平和知足而又能歌善舞的快乐民族。

野阔拉祜——南岭勐炳

这是一个美丽的地方，让人不得不看；这是一个神秘的地方，让人不得不信；这是一个拉祜文化浓郁的地方，让人不得不品；这

是一个原生态物产丰富的地方，让人不得不去。这就是曾经遥远而尘封在群山深处的南岭“野阔”。

“野阔”是拉祜语，意思是茂密的原始丛林，位于澜沧县南岭乡勐炳村，是保存最完好的拉祜族原生态聚居区。这里有拉祜族原始古村寨、有十万亩原始森林、有千余亩野生茶树、有拉祜族农耕文化梯田景观等等，是澜沧县重点开发民族文化和自然风光旅游的地方，也是国家级非物质文化遗产保护对象《牡帕密帕》的保护传承基地之一。

秘境野阔是一座充满拉祜族古老传说、生态资源十分丰富的圣山。厄莎是拉祜族创世史诗《牡帕密帕》中造天地万物和人类的神，是拉祜族崇拜的最高神灵。拉祜族民间传说，天神厄莎是一位很讲究风水的神。他造好天地后就着手选址盖房，厄莎选址盖房有一个要求，房子要坐北朝南或者坐西朝东，认为只有在这样的地势山形中居住，才能风调雨顺、五谷丰登、人丁兴旺。选址居住后，厄莎就在这里开荒种地、饲养畜禽，用勤劳的双手种植野茶、野果、野菌、野药材等，

南岭野阔全景

❶ 拉祜族原生态多声部合唱

❷ 第一批国家级非物质文化遗产保护传承基地落成庆典（南岭野阔）

饲养了野猪、野蜂等各种动物，使这里成了人与自然和谐相处的快乐天堂。

山不在高，有仙则名。在这神秘的原始丛林里，有着与《牡帕密帕》传说故事中相对应、神形逼真的许多景点。散布在野阔拉祜山密林深处的厄莎石、葫芦山、扎迪娜迪石、大象石、象脚印、象头石、厄莎歌舞场、厄莎水井、厄莎分山分水处等景物和景点，或形似或神似，已成为拉祜人崇拜的圣地神物。此山是天神厄莎的水晶石山。传说，农历每月十六，水晶石山就会变成水晶石桌，桌面上有八口大碗，四面八方的人都会来这里跳歌祭拜厄莎，这一习俗直到19世纪中叶都还保持着。四座山象征四平八稳，四条路象征四通八达，四道门象征四面八方的人进来，这样就能事事如意、四季发财。畅游在天神厄莎的家园，一片树叶，一块石头，无不散发着灵性的光辉，无疑是在接受着拉祜文化的虔诚洗礼。它为拉祜族创世史诗找到了根，也是野阔一直成为拉祜族心中圣地的原因所在吧！

连绵起伏的野阔拉祜山，上百千米的深山，山头属高寒冷凉山区，山脚到黑河边，属热带气候，是一山有四季，十里不同天的真实再现。云雾在野阔以千变万化的柔美姿态，一会儿在山尖，一会儿在山腰；一会儿浓如屏障，一会儿轻如薄纱。雨，是连接群山、云雾、森林的纽带，是滋养绿色的魂，它们之间显得那么密不可分。一般来说，高寒山区少有原始森林，而这里又是个意外，这里的森林茂密、古木参天，树上缀满了青苔和各种寄生植物，遮天蔽日，一扫高山的干旱，到处充满了湿润而清新的气息，树底下没有密不透风的植被，而是一片光溜，只有一些耐阴的小植被、种类繁多的药草和野生菌类飘散着淡淡的幽香。走在林间，如进入绿野仙境般的梦幻境界，间或几声鸟鸣，又或山箐里叮咚的泉流和树头沙沙的风声，让森林更显幽静和空寂。行走于山林，不经意间，你会发现那开得白里透红的杜鹃花、山茶花和叫不出名的各种野花，随着季节的更替而别有一番景致。

循着花香的味道，在大树下、小路旁，就不难发现木制的蜂箱，如果偶遇掏蜂蜜的老乡，看着他们不用任何防护的娴熟的掏蜜技巧，会让你感觉人和蜜蜂原来是如此亲近，人与自然是那么相融相处。当然了，来的都是客，见者有份，这是千百年来拉祜族待客的规矩，厚道的拉祜人必然会让你美美地品尝这份大自然的甜蜜。蜜香不怕山高，成百上千箱的蜜蜂，因林子里花源丰盛，所产的蜂蜜味香

蜜甜、甜而不腻，深受人们青睐。如今，它已成为当地拉祜族向市场推介的一道来自高山原野、自然生态的绿色食品。

为何当地的拉祜族一直以来都对野阔如此敬仰？据说，这些从游猎民族逐渐向农业民族过渡的拉祜族人，生存能力极强，是野阔深山里的朱栗果、曼登果、野杨梅等山珍野果，以及各种药草和叫不出名的野菜，让他们挺过了青黄不接的时节和饥饿年代、躲过了坝区肆虐的疟疾灾害，并一直繁衍发展到今天。如今，在野阔原始丛林中生长的野菜品类繁多，而且天然无污染，是当之无愧的山珍美味。在浩瀚的野阔密林中，山猫、野猪、黑熊、麂子等野生动物也是这里的主人，野阔是它们赖以生存的乐园。而今，在扑朔迷离的丛林中依然留了拉祜族先辈们狩猎的遗迹。

越往山林里走，树林越茂密，树木上都缀满了青苔和各种寄生植物。枯藤、老树、奇花、异草、怪石等，构成了野阔一幅幅自然天成的绝妙风景。拉祜族仍然保持对大自然的崇拜，认为大自然的山水、草木都有生命和灵魂，是不容侵犯和践踏的。因此，他们对大山、森林、树木都有敬畏之心，这也是野阔至今仍然保持着一片片绿海的原因所在。野阔周边是拉祜族世代聚居的地方，保存着原汁原味的拉祜族传统文化。在拉祜族村寨——龙潭，可以看到保存完好的拉祜族传统民居，现在，这类原始少数民族民居在农村民房改造大潮之后已不多见。龙潭寨子不是很大，几十户人家全是清一色的茅草房，寨子周边是参天古木，房前屋后种着很多芭蕉、古茶树、梨树、桃树等，房屋掩映在绿色林木之中。

❶ 野阔山的扎迪、娜迪石

❷ 行进在野阔山

❸ 野阔生态蜜蜂

傍晚时分，随着屋顶袅袅升起的炊烟，村寨充满了祥和、温暖和生机。

这里的拉祜族饮食特色鲜明，山野的果蔬用传统的烹饪方法一弄就成为特色佳肴。这里的猪、鸡是放在山上养殖的，有一些还是野猪种、野鸡种。由于进食生态，其肉质之鲜美是其他地方的猪、鸡无法相比的，还有各种野生菌也是种类丰富、质量上乘。游历了一天的野阔，回到了野阔山脚下的龙潭老寨，饱餐一顿原生态的拉祜美味。在这里，你在享受原生态美味的同时，也可享受拉祜族火一样的热情。

今天，野阔拉祜山已经启动了景区建设，在加快交通基础设施建设的同时，也加快了旅游基础设施的建设，2013 年 12 月野阔拉祜影艺公司成立，野阔森林公园已成为普洱市集观秘境野阔、赏原生态民族歌舞、尝生态食品、住特色标间一条龙服务的自然生态旅游新景点，是休闲度假的天然氧吧和放飞心灵的自由天堂。

神鼓拉祜——糯福南段

第一批国家级非物质文化遗产保护传承基地落成庆典（糯福南段）

从远古走来的拉祜民族，认为世间万物都有灵魂，而专属于寨子的天地神鼓则是族人与神灵对话的工具。拉祜族会敲响通天的神鼓祈求神灵护佑、风调雨顺、平平安安，神鼓赋予了他们宽广的胸怀、培养了他们坚定的信念。

沿着国道 214 线前往惠民方向，嗅着万亩茶园里千年古茶散发出的醇香，邂逅古村落，绕过一道道山梁，在离县城七十余千米的中缅边境上，静静地藏匿着一个古朴、宁静的村落。这里完全找不到都市的繁华与喧嚣，有的只是朴实与祥和，勤劳勇敢的拉祜人民与各民族群众和睦相处、聚集而居，在这里共创了古老神奇的民族文化。

地处边境一线的糯福乡南段村，在傣语里意为“没有水的地方”。其实这里有水，还有绵延的神山、通天的神鼓，被誉为拉祜神鼓敲响的地方。踏上这块神秘的边陲之地，就如进入了一个古老神奇的世界，整个山寨完全被绿色所环绕，远远的，清一色干栏式的木屋显得那么庄重，缥缈的青烟映衬得那么贴切，让整个山寨增添了一份遥远、一种神秘。神鼓是拉祜族心中神圣的崇拜物，被置

放在寨头的“波页贺页”（佛堂）中。关于拉祜族神鼓，还有一段神奇而美丽的故事。传说很久以前，大约是佛教传入南段地区后的某一天，南段寨子的头人“阿布噜”（老爷爷）梦见在一个山谷里生长着一棵大三合树，天神厄莎告诉他，把这棵树砍下来制成神鼓，留传给子孙，可以世代护佑拉祜族人。醒来后，阿布噜便带人上山寻找梦中的三合树，在历经千险万难后，终于在莫谷后山找到了那棵梦中的三合树，而后又历时三年，终于制成了天、地（公、母）一对大神鼓，留传给子孙，并告诫子孙要好好爱护神鼓，它们会为拉祜族人祛病消灾，带来吉祥安康。神鼓制成后，人们建盖了神庙，并把鼓供奉在神庙中。

神鼓身长约两米，直径约一米，鼓身上都刻有命运花、过年花、谷花的图纹。支架上装饰着象征人丁兴旺、五谷丰登的花样形状的饰物，还有象征太阳、月亮的饰物。鼓文化孕育了神的力量，如同宇宙的雷声，唤醒大地，万物复苏，各民族把鼓视为通神的礼器，拉祜族也不例外。这鼓，就注定了它是不能随意敲响的，它成了拉祜族在特定的时间、特定的环境、特定的条件下与神灵沟通的渠道，成了集人气与精神力量的礼器。寨里的佛爷说：敲响神鼓有严格的宗教法规和时间规定，除播种结束时敲一次和春节敲三天外，每月只能敲两次，即农历每月的初一和十五各敲一次。每逢春节和播种结束后，四面八方的拉祜族就会汇集在一起，以神鼓为中心，围鼓而跳、对鼓而舞，以此祈求神灵保佑幸福吉祥、人丁兴旺、五谷丰登。而敲神鼓前一般都要举行祭祀仪式，由佛爷、卡些或角八主持。他们点燃蜂蜡，虔诚地对着天、地和神鼓拜三拜，把蜂蜡插在神鼓架上，然后又点燃六炷香，围着神鼓转三圈，撒米花，再虔诚地对着天、地和神鼓拜三拜，把香分别插在神鼓架下。祭祀仪式结束后，鼓手才能上前敲响神鼓，村民才能跳起神鼓舞。

1 天地神鼓

2 诚心向佛

3 摆舞：祭祀舞

在拉祜山寨，男女都可敲击神鼓，都可跳神鼓舞，只是动作和形式略有不同。女子神鼓舞，鼓声多变，舞姿舒缓，动作细腻，像春天里吹过的山风和田野里翩翩起舞的白鹭鸶。小雅米（小姑娘）随鼓声飘起的筒裙、扭动的纤纤细腰、握槌击鼓的双手，像火塘里跳动的火苗和路边飘动的红木棉。围鼓而舞的人们，有的手持女人花驱鬼辟邪，有的抬着插有蜂蜡、盛着五谷杂粮的小囤箩祭献四方神灵，有的手拉手迈着轻盈的舞步抒发着心中的快乐。那鼓声听起来轻柔、欢快，伴着优美的敲击动作，使人感受到有一种神秘的声音从遥远的原始森林深处绵绵传来，仿佛进入无忧无虑的忘我世界。男子神鼓舞，动作苍劲有力，充满阳刚之气，像夏日里的烈风和丛林里咆哮的猛虎。哑八（小伙子）随鼓声踢起的灰土，粗犷的吼声和刚劲有力的击打，像江河里的波涛和天宇中的雷鸣。围鼓而舞的人们，有的手持经幡招来神灵，有的随鼓而舞、一脸威严，有的手持竹片和铓镲打着和声，那鼓声具有激荡振奋的力量，声音震耳欲聋，传向很远的森林和其他山寨，久久回荡不息，把人们带入了一个远古的时代。由此，“天地神鼓”成了拉祜族人解除辛劳与忧愁的万灵丹。

日复一日，年复一年，神鼓舞经过长期的发展演变，已经形成了拉祜族舞蹈中的一个体系。2014 年 12 月，南段龙竹篷拉祜神鼓演艺有限公司注册成立，为充分展示多姿多彩的原生态拉祜文化提供了平台。而这鼓声也催促着拉祜族前进的步伐，一次次祈愿着来年的幸福吉祥，不会停息。

❶神　桩

❷敲响神鼓

第一批国家级非物质文化遗产保护传承基地落成庆典（木戛勐糯）

芦笙拉祜——木戛勐糯

雨过天晴，木戛乡勐糯村这个纯粹的拉祜族大寨子风清气爽，一切都显得自然清纯、平静而又祥和。站在仅和乡政府一河之隔的村头球场上，满眼尽是青山绿水、小河人家和稻浪翻滚的拉祜梯田。在这里，勤劳善良的拉祜人会吹起一种叫芦笙的乐器日出而作，赶着老牛和弥漫在山乡原野的芦笙调，日暮而归。时至今日，这里的拉祜人因擅长制作拉祜族传统乐器葫芦笙，且制作出的芦笙音质极佳，跳出的芦笙舞别具韵味，实至名归地被称作拉祜族“芦笙吹响的地方”。

山梁子越高，樱桃花就盛开得越早，这是村民们都知道的规律。从木戛乡政府到南嘎河 14 公里的路程，时逢樱桃花雨，湿滑的土路不算好走。不过，却可以欣赏到远处的南嘎河在云雾的遮裹下，犹如羞答答的樱桃姑娘，静静地养在深闺中，在逶迤的群山中透出一种独特的朴素与神秘。这是到木戛勐糯后，就会有人向你推介的“值得去看一看芦笙制作最传统的地方”。

❶ 房前屋后的藤葫芦

❷ 成熟的葫芦

❸ 非遗展示（芦笙制作）

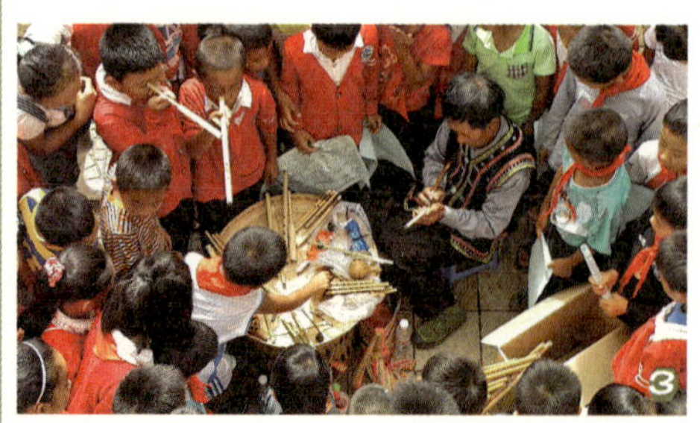

南嘎河是一条发源于澜沧县木戛乡境内的河流，属于澜沧江支系的黑河支流。而这里的南嘎河是一个以河命名、有八十多户人家的拉祜族山寨，这里不仅是一个名副其实的葫芦山寨，更是一个擅长制作拉祜族传统乐器芦笙而声名远扬的村寨。掀开南嘎河寨子的面纱，村里村外种的是葫芦、房前屋后也是葫芦，就连各种树枝上都挂满了葫芦。在这里，还有坚守着传统文化的拉祜老乡，他们真诚厚道、亲切友善。偶然和端茶送水的小姑娘打招呼，她们会笑着跑开，远远地观望着客人和长辈们闲聊，似乎想要听却又不敢听，这些懂得长幼尊卑的羞涩的南嘎河姑娘，一定会在你的记忆空间留下痕迹，会让人始终有一种无法忘却的眷恋和念想。

从一种乐器可以认识一个民族，这就不难想象这个民族对这种乐器的炽爱。拉祜族自称是葫芦的儿女，是一个从葫芦里出来，吹着芦笙向着太阳奔去的山地民族。在长期的迁徙狩猎过程中，他们与葫芦结下了不解之缘，以葫芦为主要材料制作出来的芦笙，在拉祜族看来就是会说话的乐器，深受族人的崇拜和喜爱。在男性中无论大人小孩，芦笙是他们随身携带的乐器，成年拉祜男人常把芦笙比喻为“小老婆”，而且男性中就没有不会吹芦笙的。说不清从什么时候开始，勐糯和南嘎河的芦笙制作都是以一种祖传的形式一代又一代传承下来的。在今天的拉祜族居住地，芦笙因其制作工艺精细考究、音色纯正而名声在外，是传统正宗的

芦笙制作之乡。这里的成年男子大多会制作芦笙，一般以师承关系和家庭为单位，传男不传女，代代相传。目前，制作和销售葫芦笙已经成为他们主要的家庭手工业和经济增收的主要来源之一，村民学做芦笙的人越来越多。让人更加欣喜的是，这里已经成为国家级非物质文化遗产保护名录《牡帕密帕》的保护传承基地之一，众多会做芦笙的老艺人都成了传承人，让拉祜族芦笙制作这一门古老的技艺得以更好地传承和保护。

葫芦是制作芦笙的主要原材料，但并不是所有的葫芦都能做芦笙。葫芦的品种很多，从口感上可以分为两大类，甜葫芦和苦葫芦。甜葫芦嫩的时候可以用来做菜，老了可以用来做水瓢，或是装籽种之类的东西。做芦笙的葫芦是苦葫芦，标准是上口要小，下面不宜过大，也不宜过小，刚好两只手好把握即可。芦笙的制作是一件精细活，制作过程主要有摘葫芦、修整葫芦外形、截竹管、安装簧片、粘管、调音等六道工序。大致过程为：先在葫芦上掏五个孔，插上长短不一、带有簧片的泡竹管，再在每支泡竹管的侧面掏一个孔，芦笙就算做好了。其中，以调音最为关键，一定要反复多次调试，才能保证音准，这道工序非师傅不能为之。芦笙有大有小、有长有短，长芦笙有一米多长，短芦笙最短只有十厘米，不同的芦笙发出的声音高低不同。此外，制作芦笙的主要工具有六至七种大小不同的刻刀，原料除了葫芦外，还有金竹、泡竹、酸蜂蜡和铅等。

应该说芦笙不是拉祜族独有的乐器，但芦笙是拉祜族最钟爱的乐器。他们所制作的芦笙是本民族独特的，是一种可以认识这个民族、了解这个民族繁衍生息、迁徙发展的图谱，是一个可以传递情感、寄托哀思的亲密伙伴。每每年节或是喜庆的日子，拉祜族就会身着艳丽服饰，吹起芦笙，跳起最古老的舞蹈，满怀喜悦、精神饱满地从四里八乡而来，欢庆

1 芦笙制作
2 吹响芦笙

团聚。在偌大的村寨广场，人声鼎沸，盛况空前，数百人手挽手围成数圈，非常默契地以同一步伐，向同一方向进退，吹芦笙的男人力从头顶压、气往丹田下，如苍鹰旋顶，俯冲而下；如蓄势之力，一冲到顶，立于高山之巅，起伏摆荡，如空中芭蕾，行进得轻盈、流畅、优美，酣畅淋漓、如痴如醉，在忘我的境界里享受着芦笙所带来的快乐，这或许就是舞者的最高境界吧！伴以笙声悦耳浑厚的共鸣，整个芦笙舞场形成了气势磅礴、催人奋进、异彩纷呈的气场。这当中，各地的拉祜族会在舞动中展示色彩斑斓、鲜艳夺目的服饰，就会有人群评价谁的芦笙最响、谁的舞跳得最美、谁的歌唱得最好、谁的服饰最好看，拉祜族的文化就得到了最有效的展示。借助芦笙这种自制的乐器，拉祜族会通过舞蹈的形式表现出对神灵、祖先的感激和敬奉，感谢上苍的恩赐。他们中有古稀之年的老者，也有稚嫩的孩童，这才让人想起这是一台全民欢歌的盛会。

芦笙看上去犹如一位强悍的拉祜汉子竖着大拇指的手掌，不会吹芦笙的男人不是真正的拉祜男人，不会跳摆舞的拉祜女人，是难以融入这个山地民族的。拉祜族是用歌舞抒写历史的民族，有道是："谷子黄，拉祜欢，山山岭岭芦笙狂。"这就是拉祜芦笙歌舞盛况的真实写照。因而，芦笙舞对于当地人民的文化认同、维护团结、维系民族精神，均具有不可替代的重要意义。

璀璨绚丽的葫芦神话和芦笙歌舞，造就了能歌善舞的拉祜族。当拉祜人吹起芦笙、跳起舞时，你体会到的是他们自强不息、团结向上的精神风貌，让人感受到这是一个充满朝气的民族。

摆舞拉祜——东回班利

从葫芦里出来，向着太阳奔去的拉祜民族，无论是年节婚嫁，还是祭祀庆典，都少不了以歌传情、以舞助兴。拉祜族擅长的曲调丰富多样，有优美缠绵的情歌，有高亢嘹亮的山歌，有肃穆庄严的祭祀调，也有哀婉悲痛的丧曲，还有叙说先祖事迹的雄浑沉郁的古歌。特别是有上百套的芦笙舞和摆舞，也称之为拉祜族的姊妹舞。舞蹈没有经过刻意的雕琢和修饰，就能让人们体会到拉祜族生产生活中积淀下来的原生态民族艺术，对他们来说万事万物无一不能用歌舞来表达。从这个意义上来说，这也是一个唱出来、跳出来的快乐民族。

距澜沧县城三十多公里的东回乡班利村，是拉祜族传统舞蹈"摆舞"的发祥地，被命名为"拉祜族摆舞之乡"。摆舞拉祜语叫"摆迭"，与芦笙舞同属拉祜族的传统舞蹈，共有八十多个套路。2006 年，被列入云南省非物质文化遗产保护名录。据班利的老人们说，芦笙舞和摆舞，区别在于领舞，

由芦笙领舞的叫芦笙舞，由象脚鼓领舞的叫摆舞。它起源于远古拉祜族的先民，其舞蹈样式保留了远古时期拉祜族先民对人类生产劳动、自然界动物和原始宗教的崇拜。拉祜族把对生产劳动的崇拜、对自然界动物的崇拜、对神灵的崇拜和对祖先的崇拜，概括为一些基本动作编创成舞蹈，在娱乐和祭祀时以舞助兴、以舞传情。

伴着欢快的象脚鼓声，拉祜族喜庆的节日又到了。这时，头裹白色头巾、身穿艳丽筒裙的拉祜姑娘们就会不约而同地来到山间旷野、活动广场上，在象脚鼓和铓、镲的引领下，几百人同时跳着那源自远古的摆舞，这其中象脚鼓成了整个摆舞的灵魂。顾名思义，象脚鼓就是形似大象的脚而得名，一般由老芒果树制作而成。绷鼓的皮是用蟒皮或是鹿皮来做的，鼓棒是盐酸果树做的，鼓绳则是用苎麻搓的。敲鼓的人可以

❶ 摆　舞

❷ 第一批国家级非物质文化遗产保护传承基地落成庆典（东回班利）

敲响希望

是男人，也可以是女人，象脚鼓后是两个敲片镲的人，他们为象脚鼓打着合拍，为摆舞增添热烈的气氛。不一会儿，跳舞的人群，由一个圈变成两个圈，再变成三个圈，圆圈越变越多、越变越大，舞蹈内容大多反映的是撒谷、栽秧、打谷等拉祜族的生产生活场景，不受人数限制，十儿人、上百人、上千人、上万人都可以跳，一般以圆圈为主，象征拉祜族远古迁徙时追寻着的太阳的图谱，这是一个民族对先祖的记忆，是拉祜民族对太阳的崇拜，更是他们对太阳的颂扬。那挖地、犁地、撒谷、插秧、割谷、打谷、祭祖先、祭神灵，本来就熟悉的生活，在象脚鼓“咚咚咚”的激发下，各种动作自然而然地迸发而出，并被拉祜姑娘们用肢体语言优美地表达出来，舞出婀娜多姿、激情荡漾的舞蹈。那舞像一首首流淌的诗、一支支跳动的歌、一幅幅美丽的画，处处都体现着拉祜族人劳动的美感，处处都体现着他们勤劳善良和能歌善舞的传统美德。跳了一圈又一圈，跳了一年又一年，千百年来，摆舞的动作基本没有变化，主要有《劳动丰收舞》《祈祷舞》《扫地出门舞》《拜年舞》《讨福舞》等，可舞者却没有一丝厌倦，每个跳舞人的脸上都洋溢着笑容，那是一年辛苦劳作后的喜悦、是对美好生活的向往。

如今，班利的摆舞不仅在乡村里跳，而且跳到了县城，跳到了北京、上海。有澜沧山歌唱道：“团团摆舞团团跳，跳出圆圈像太阳；拉祜摆舞新气象，拉祜人民好心情；民族政策照澜沧，拉祜人民奔小康；沧江流水情意长，党的恩

情说不完。”可以说，摆舞是拉祜民族由农耕文明、祭祀礼仪到舞蹈艺术的再现，是拉祜族团结与和睦的象征。千百年来，拉祜族就是跳着摆舞渡过了一个又一个难关，跳着摆舞走进了改革开放的新时代。

编织拉祜——富邦佧朗

从澜沧县城出发，沿着国道214线一路向南70公里左右，就会进入富邦乡佧朗村，进入一个高山原野、蓝天白云、水肥草丰的拉祜族原生态聚居村寨。长期以来，作为“直过区”的拉祜人，不论男女服饰都以黑色为主色调，以黑为美。在他们身上衣物不仅仅是简单的御寒蔽身之物，它还承载着极其丰富的文化信息。其色彩、款式和纹样，既是该民族生存区域地理环境的折射，也透露出族人生生不息、物我合一的生存理念。

拉祜族源于古代有“东方大族”之称的氐羌后裔，在一路向南迁徙的过程中，逐步分为“拉祜纳”和“拉祜西”两大支系。今天，居住在澜沧县富邦及周边地区的拉祜纳一直喜爱传统的黑色服饰，朴实勤奋的他们，透过服饰显露出了拉祜人积极向上的精神。群山巍峨、河道逶迤的佧朗村是一个典型的拉祜族聚居地，全村两

❶ 拉祜摆舞
❷ 割谷子舞

第一批国家级非物质文化遗产保护传承基地落成庆典（富邦佧朗）

千多人中，拉祜纳就占总人口的 99% 以上。这是一个依然眷恋着黑色的拉祜族支系，其服装均以黑为主。这是其在漫长的迁徙过程中形成的社会历史文化、自然环境和稻作农业所决定的。黑色，对游猎和高山农耕生产者来说保暖、耐脏、耐磨等方面都有独特优势。另外，这一习俗也是地理环境、社会生活、传统原料和印染技术的客观体现。

高山佧朗，如今还保持着古老的纺织技艺，当地拉祜纳的妇女们仍在自己纺纱织布。据考证，拉祜族的织染工艺可追溯到夏、商、周时期，延续至今已有几千年的历史。据当地人相告，新中国成立后，国家每年还从内地调入棉线，供拉祜族人自己纺织。现在，这种技艺主要还是作为一种本地传统文化被保存下来。过去，拉祜妇女准备染布时，长辈总是把年轻女子叫到身边，从采取染色原料、取汁到色度的掌握，一一进行示范讲解。通过这种口传形式，让下一代学到织染知识。由此，拉祜族女人从小就要学习掌握刺绣的技术，而拉祜族也将刺绣技术的高低当作衡量女子是否成熟与

劳作间，纺织成了生活的一部分

能干的标准之一。她们的染料主要采用山区野生或家种植物，这些染料色彩鲜艳、不易褪色，且来源极广。当地人采用一种栽培在田间地头称为蓝靛的植物，作为主要染料进行棉布染织。造靛是从蓝草中提取靛蓝，先采摘多种蓝草的嫩叶子，置于缸盆之中，放水浸泡、曝晒，几天后蓝草便会腐烂发酵。当蓝草浸泡液由黄绿色变为蓝黑色时要剔除杂质，兑入一定量的石灰水。沉淀以后，底层留下深蓝色的泥状沉淀物，造靛便完成了。靛染是在常温、常压条件下进行的氧化还原反应，将被染物放入造靛中浸泡，后取出，经过拧、拍、揉、扯等再放入缸、盆，使其充分浸透。然后再次取出，挤去水分，晾晒，氧化。如此一般都要经过几次甚至十几次反复浸染、晾晒，方能达到预期的效果，直至数日后颜色逐渐加深，呈藏蓝色、深蓝色乃至黑色，且色泽饱满、牢固、耐洗，不易脱色。可见，织染的工艺流程复杂，从原材料到加工成成品需要几十套工序才能完成。主要原料除了造靛，还有棉布线、棉线、丝线和黑、红、蓝、绿等各种彩色的布料，并配上银泡、银缀、银珠子、银吊

子、项圈、手镯为装饰。而今，在佧朗除了传统的服装、挎包外，还有各种时尚的佧朗服装、佧朗香包、佧朗头巾、佧朗围巾、佧朗床单等。但尚黑的拉祜纳仍然较完整地保留了古羌人的传统服饰特点，其丰富而不繁杂的色调，使得服饰呈现出高贵典雅之美。

这群崇尚黑色的族群，穿戴上讲究实用，款式大方，朴素美观。通过承袭传统，由简到繁，逐步发展，使拉祜服饰的加工更加精致，经济价值、观赏价值逐步提高，许多服饰成为具有较高艺术性的作品。

快乐拉祜——酒井老达保

这是一个没有陌生，只有欢笑的村寨。一股源于生命、源于生活的文化之泉汩汩涌动，让山寨遍地是歌、漫山是舞。来了，就感受得到古朴的拉祜山乡快乐的歌舞、淳朴的乡情和不舍的情愫；来了，就不想挪动脚步，不想说再见！

20 世纪 50 年代，一首耳熟能详的《婚誓》，一部荧屏经典《芦笙恋歌》，让人们知道了能歌善舞的拉祜族；今天，一首首脍炙人口的歌曲《快乐拉祜》《实在舍不得》……已成为外界了解澜沧拉祜族的文化名片。追根溯源，这些朗朗上口的歌就出自闻名遐迩的快乐拉祜歌舞之乡——酒井乡老达保。做客老达保，淳朴的乡亲们会用他们特有的方式迎接来自远方的朋友。拉祜族自古就视葫芦为图腾，自认为是从葫芦里出来，向着太阳奔去的民族。这时候，手持葫芦的小“雅米”（姑娘），会从圣洁的葫芦里倒出清凉的山泉水，轻轻地淋在你的双手上，洗去你一路的风尘和劳累。德高望重的“老布”（老爷爷）在虔诚地念着祝福语，细心地给尊贵的客人拴上黑白的祝福线。据说，拴上这黑白的祝福线，在拉祜族的礼俗中就是得到了太阳和月亮永恒的祝福，而歌舞

①织　梦

②拉祜挎包

①国家级非物质文化传承人李扎戈

②国家级非物质文化传承人李扎倮

则是老达保迎接客人不变的礼数。

宛如童话世界般的老达保寨子，背靠青山，面朝田野。沿着花石板路，山寨人家都是清一色的干栏式木屋。这是典型的拉祜人的传统住房。户与户之间，大多用竹篱笆分隔开来。挂满葫芦、面瓜的藤条，芒果树、大青树和叫不出名的树木把房屋掩映在一片绿荫中，显得那么的安详、和谐。恍惚间，这不就是梦里呈现的乡村画面吗？建寨不过四十多年的达保寨子，有一百多户人家行走在其中，男女老少都会微笑着看着你，正是这个一天就可以认识全寨子人的老达保，才会让你理解“不走寻常路，只爱陌生人”这句话的内涵。

国家级非物质文化遗产保护名录《牡帕密帕》犹如一首流淌在拉祜人民心中的歌，是拉祜族的百科全书，它通过民间演唱的方式流传下来，完整保留了拉祜文化的内涵和悠久灿烂的拉祜文明。七十多岁的李扎戈兄弟俩是第一批国家级非物质文化遗产保护名录的传承人，每一次吟唱，只要打开记忆的闸门，史诗的辞章就会像山泉水一样从他们的口中奔涌而出，一代又一代的拉祜人就是在这古老延绵的歌唱中回到祖先诞生的地方，在漫长的发展历程中寻根成长。

2013 年，以“梦里水乡　一生唯一的爱”为主题的哈列贾（HALEJA）乡村音乐小镇项目启动实施。同年 6 月，由当地村民组成，普洱市第一家农民自发自创的演艺有限公司——澜沧老达保快乐拉祜演艺有限公司成立。一套集澜沧拉祜文化精华、散发着泥土气息的老达保拉祜风情实景剧正式开演，这些全部来自群众的老达保演员，他们的歌舞既有烈火般的激情，又有清泉一样的柔美。它聚集了澜沧县拉祜族丰富的文化资源、各类优秀的歌舞节目和拉祜族独特的风情。也只有这方明净的山水，才能培养出拉祜族善于歌唱和舞蹈的生活情趣。这是一个民族的性格外露，也是一个民族的生存态度，无论生活会面临怎样的境况，歌舞永远是拉祜人战胜一切艰难困苦的武

器。站在与大自然融为一体的实景剧舞台上，他们能散发出一种共同的气场，那就是对音乐的挚爱。那悠久的历史、辛勤的劳作、浓浓的情爱、纯纯的童真都在歌舞中尽显，在他们的歌声中，你听不到生活的艰辛，传递的是生活的美好，是一种可以传递的温暖。此刻，人在歌里，歌在人里，整个山寨在歌声中共鸣、震撼、感动、不舍和爱恋。

❶拉祜芦笙舞

❷唱出心中的爱

转悠老达保，就得认识娜倮这位拉祜族知名女人，脍炙人口的拉祜族歌曲《快乐拉祜》，就是由这位只有小学文化的娜倮创作、演唱而成名的。她还相继创作出了《真心爱你》《实在舍不得》等三十多首广为传唱的拉祜语歌曲。她成了拉祜族的当代明星，多次受邀到央视等各级媒体和各类活动中参加各种节目录制和演出。2012 年 10 月，她还光荣地当选为中共十八大代表，出席了中国共产党第十八次全国代表大会，并带着她心爱的吉他，为党献上了《感谢共产党》这首歌曲，感谢党和政府让拉祜人民过上了幸福美满的新生活。而今，光环外的娜倮依然是那个朴实的她，没有一点明星的架子。目前，她已经把自己家的木楼改造后开了一家拉祜特色的“农家乐”，生意还不错，

不论老少都是舞者

特别是实施哈列贾（HALEJA）乡村音乐小镇项目以来，来访的游客更是络绎不绝。但她还是一如既往地快乐唱歌、快乐跳舞，雅厄艺术团、老达保快乐拉祜演艺有限公司的演出活动她一次也没有落下。娜倮很满意自己的“农家乐”，在劳动中歌唱美好的生活。

老达保是乡村音乐的沃土，孕育出了浑然天成、古朴生态、神秘多彩、匠心独具的乡村音乐臻品，《快乐拉祜》《实在舍不得》等一批乡村音乐精品破茧成蝶，在央视等舞台上大放异彩、声名远扬。然而，风情老达保依然保留着完好的拉祜族风俗，移步易景，一景一串故事。老达保可以让你了解一个从游猎逐渐向农耕过渡的大山民族。真情真意的老达保人会带你看一看拉祜族传统乐器芦笙、哩嘟嘎和响篾的制作过程，可以零距离地观赏到箩筐、篾笆等民间竹编的制作工艺，陀螺、弓弩、犁架、犁耙的制作过程，以及木雕、木刻等拉祜族历史悠久的民间传统工艺。在传统的拉祜族竞技体育场，一棵树杈当支架，一根木棍当横梁，磨担秋、车秋旋转起伏，姑娘、小伙争相爬杆摘果，汉子们打陀螺非争个高低。这些极具趣味性的运动项目与他们的生产、生活紧密结合，与音乐舞蹈融为一体，既保留了民族性，又增强了竞技性、提高了观赏性，使得活动趣味无穷、魅力无限。

夕阳西下，月上树梢，老达保人家的百家宴摆开了，全寨各家各户提篮携酒，将自家的佳肴带到广场上，与客人围桌把酒言欢。席间

须不停“串桌”，将每家的饭菜都品尝一遍，寓意“吃百家饭，连百家心，驱百种邪，成百样事”。歌舞是老达保人的生命，是他们的生活模式。酒足饭饱，老达保人会点燃激情的篝火、跳起欢快的舞蹈，声与声连成了一片，心与心连成了一片，在这歌的世界、舞的海洋里徜徉，流连在这激情燃烧的时刻，忘返在这拉祜山乡的不眠夜晚。

老达保人家真情待客，累了，困了，按照拉祜族传统礼俗，都可以到任何一家，体验一番住干栏式木楼、睡通铺的乡村生活。一觉醒来，老达保那些美妙的和声及轻快的舞步，会梦一般地萦绕在记忆中，给久居闹市的心带来清凉的慰藉与甘甜的回味。

还是那群人，还是那样的景致。不一样的是离别时的沉重、惆怅和不舍。真诚的乡亲们又一次唱出了那首能挠到人类情感中最柔软部分的歌曲——《实在舍不得》。这是最美的乡村音乐，这里是最舍不得离开的地方……老达保，不说再见！拉祜，不说再见！

❶ 老达保村民自创的捕鱼舞

❷ 快乐拉祜唱响的地方

古今土陶话澜沧

在漫长的历史进程中，无数的物种灭绝了，无数的辉煌消失了，无数的技艺失传了，但地域特色鲜明的陶器和制陶技艺却得以保存和传承了下来。古今土陶不仅话出了澜沧的“土”文化，也话出了当地“玩泥”人的生活。

谦六土陶

在澜沧，说起土陶，人们自然会将其与谦六联系在一起，原因是谦六的陶器因其历史悠久、美观大方、做工精细而名扬四方。谦糯，原名圈糯，位于县境东北部，为现谦六乡政府所在地，地势平缓，位置险要，是古时通往思普（今普洱市、西双版纳州）的必经驿道。历史上曾有不少傣族居住，清代末年，傣族逐渐迁移，江西、湖南等地汉族及其他民族相继迁入。光绪十四年（1888 年）在此设镇边直隶厅。光绪十六年（1890 年）建土城一座。全城设东门、西门、南门、北门和小东门。城内除厅署、小学和两千余户居民外，还建有文庙、武庙、龙王庙、观音庙及湖南、江西、四川会馆等。城内巷道和街道用石板铺垫。街旁立有“天灯”一盏，石脚木柱，高三丈，有专人管理，通宵达旦，彻夜不熄。

土陶制作

据当地老人讲，谦六的土陶制作工艺可以追溯到清朝末年。清光绪十二年（1886 年），清政府封李春先为土千总，管理其地。李春先在任期间，想为其地办件实事，以告慰父老乡亲。于是，他从景谷县勐主请来一位柳氏师傅烧制上釉的土陶器。经过踏勘，柳师傅决定土陶生产基地不变，仍选定在谦六甘田新寨和大坝河寨之间小山峦的两侧。随后举家迁来，定居在谦糯。柳师傅除给其子柳启忠、柳启凤传艺外，还向外姓收徒传艺。徒弟拜师行拜师礼，拜师礼收银圆 60 块。检测学徒是否可以出师，其标准是能否完成三道工序，烧制成无瑕疵的、容量为 4 斗谷（80 斤）的大酒坛方可。至民国时，已有柳、傅、魏三姓人家从事陶器生产。后来，其余姓氏的人也相继加入制陶的行业中来。在 20 世纪五六十年代，谦六乡兴起了一批陶瓷合作社，最多的时候有五六十家。其生产的产品除深受当地广大百姓喜爱外，还远销到邻国缅甸和思茅、景谷、孟连、西盟等市县。但随着时间的推移，土

土陶半成品

陶的功用渐渐地被玻璃制品和塑料制品所替代。目前，谦六乡还有十多家在做土陶，都是家庭式作坊，其中一些人的父辈和祖辈是以前合作社的师傅。

谦六陶器的品种很多，可分为坛子、盆、碗、壶、茶罐、酒杯等几大类，每类中有几个或几十个品种，还有水管、彩瓦等建筑材料，还可做牛、马、象等多种工艺品。从2006年开始，随着普洱茶价格的不断提高，艺人们又尝试将土陶的古朴与古茶结合起来，制作了一批储茶用的陶罐，即“茶坛”这一品种，接着是茶壶等与茶有关的系列产品相继而生。凡是陶器制品，又都可分为高、中、低几个档次，只要消费者提出要求，艺人们就一定会满足他们的愿望。

制陶有着一整套繁杂的工艺，从选土、取土、配土、发泥、练泥到拉坯、修坯、刻画、焊接装饰，再到入窑、烧制、掌握火候、降温出窑等一系列环节，可以说环环相扣，无论哪个环节失误都将前功尽弃。

首先要用谦糯石打磨一个半径约30厘米，旋转灵活的圆石

陶制品

盘，中间打通一个直径 20 厘米的洞为轴心洞眼。盘桶入地 60 厘米左右，中间有一根直径约 10 厘米的圆柱支撑圆石盘，这根圆柱下方固定在土里，上方和盘桶接触处要安放转动灵活的轴承，轴承能旋转 360°，有如旋转式活动的餐桌面。这样，“玩泥人”就可以使圆石旋转自如、不偏不倚、平稳灵活。

其次是选土。选土时要选没有杂质且沙性和胶性适中的，如果土中沙性太强，陶器在烧制时虽然不容易变形，但容易出现裂纹；如果土中胶性太强，虽不容易开裂，但容易变形，所以有些陶土要通过调配以后才可以用。选好土以后就可以将土取回晾干备用，其间要注意不要让其他杂质混入土中。沙性土和胶性土也要分开堆放，等到要用的时候再把两种土按一定的比例混合后倒入醒泥坑中，再加入一定量的水放置十多个小时，等陶土吸够水分变软后反复翻、挖、踩、揉，让两种土充分混合，土质达到软硬适中、凝性较强时为好，这一过程就叫醒土。接下来的另一道工序叫练泥，就是把醒好的陶土放在案板上反复搓揉，把陶土里的小石子捡掉，并把土里的空气排出，让陶土达到泥不黏手。拉坯时根据陶器的大小取不同量的，练好的陶土进行陶坯制作。陶坯的成型方法有拉坯成型、模具成型、泥条垒筑成型、泥板拼接成型和手捏成型等，谦六的传统制陶的方法是采用拉坯成型和打接成型的方法，坯子在三分之一干的时候就可以进一步地进行修整和装饰。

接下来就看要不要上釉了，不上釉的陶器透气性好，存储在里面的干货不容易发霉、变质，且不容易产生异味，所以用来存储茶叶、大米、种子等比较好，但如果用来存放酒水等液体或腌制食物的陶器就必须上釉了，不然容易渗漏。谦六土陶的釉有两种，一种是直接用草木灰过滤成的泥浆，称之为火灰釉，烧出的颜色呈灰绿或黄绿色；另一种是茶色釉，是在火灰釉中加入含有氧化铁的土浆，烧成后呈猪肝色。但无论是哪种釉，其主要作用都是为了陶器的密封性和表面的光滑感。上釉时还可画一些山水画或题上一些诗句，增加陶制品的艺术性。

最后一道工序是装窑。装窑也要有一定的科学性，先装酒坛、腌菜坛等大一些的产品，再往空处装小碗、茶罐等小东西，这样才装得多、烧得熟，成功率也高。烧火的燃料一定要是松木，而且要劈得细一些晒干，烧起来火力才足。十仓的窑子，要连续烧十小时，要把这些半成品烧得像铁水一样在火中晃动时，才能停火。冷凉后的产品也才会坚硬。经过这一系列复杂的工序，一件件成品焕然一新，曲指轻敲，由“突突”声，变成“叮当”作响的坚实成品了。土陶在烈火中永生，由火笑，变成人笑，美妙绝伦也！

如今，谦六的土陶器皿由于质地精良，越来越受到世人的青睐。其产品销售，农村有集市，城里有专卖店，价格也在随着市场行情上扬。在县委、县政府的扶持下，这里还将成立谦六陶器专业生产合作社，谦六土陶的制作虽然面临柴火难、取土难的困境，但也在放射着令人欢喜的希望之光。

上允土锅

明清时期，“圈糯”的坛罐，“土锅寨”的土锅，是“夷方地”的家居生活必备用具，是固有的、闻名遐迩的特产。之后，随着时间的推移、朝代的变更，到了民国时期，两地均易名：“圈糯”称谦糯，“土锅寨”叫下允河边寨。一个在黑河以北，一个在黑河以南。两地土陶器生产制作的工艺、玩泥人的活计，全在于意念，手上的功夫越玩越好、代代传承，玩出了品牌，玩出了花样。不同的是，谦六土陶师傅一直是男性，下允土陶的师傅是女性。

上允镇的下允河边寨原来之所以称之为“土锅寨”，是因其制作土锅而得名。据说新中国成立以前，这里的人们生活水平偏低，一般的人家没有钱买铝锅、铁锅来煮饭做菜，于是，聪明的傣家人

手工捏制土锅

就用土烧制发明了土锅。那时候还有一句广为流传的俚语："土锅换得锣锅。"而关于土锅还有一段传奇的故事：话说20世纪初叶，上允是马帮驿站口，常有马帮在河边开稍。一天下午，天上忽然飘落一阵小雨，于是途经此地的一马帮便决定在此停留，生火做饭。为了方便，马锅头钻进河边冒烟的窝棚，欲借火做饭，好客的主人欣然允诺。马帮煮饭用的是铜锣锅，快，一炷香的工夫就煮熟了。马锅头邀老波淘（老大爹）吃饭，老波淘不吃，烧酒奉上，边吃边聊，与马帮的人天南地北地闲聊。聊着聊着，话锋一转，要与马锅头进行一场土锅与锣锅的比赛。条件是：土锅与锣锅烧开水后，同时抬着过河，到对岸时仍然还在冒气泡的算赢。马锅头心想："我的锣锅有拎手，你的土锅只能用双手端，才两丈宽的河面，几步就到，我还想用土锅煮鸡吃呢！"商定之后，两人同时抬锅、同时起步，溅起水花飞快地过河。可到了对岸，土锅还在冒着气泡，而锣锅早没了泡儿，马锅头输了。一言既出，驷马难追。他说话算话，用土锅换了锣锅。于是，这个斗锅赌输赢的逸事便成了当地人茶余饭后的话题。

由此可见，下允的土锅有着极好的保温功能。我想，这应该与其制作工艺和材料有关。下允土锅全为手工制作，其制作过程虽简单，但是有几道工序却极为讲究。首先是选土。一是取黑色的黏性极强的胶泥土，称之为“糯土”。其次是取稍次的胶泥土，称之为“泛土”。加适量的竹箩筛过的细沙掺和，剔除碎石和杂物后按一定比例混合，用麻袋严实包装储备待用，一般 20 天后取用。用时，将胶泥土倒进专用泥坑里，用棒槌反复捶打，直至柔韧可用时取出，让其在室内阴干，再拿到室外用阳光晒干。接着是拉坯，右手紧握棒槌，棒槌上刻有山水波纹图案，寓意为傣族与山水相依相伴。左手拿一个椭圆形扁平光滑的石头，从底部开始，其顺序是从下到上，一边用棒槌在锅外击打出花纹，一边用石头在锅里抵住。再次是晒干，即把成型的土锅放在露天下晒。如果遇上晴天，晒一至两天即可，如果遇上阴雨天，则需晾晒四五天才行。最后一道工序就是烧制。烧制之前，要备干稻草和去掉籽的玉米核为燃料。先在室外烧制的平地铺上约十厘米厚的稻草，接着放上柴，然后装上土锅，装的时候先装大的，再往空隙处放小的，这样才装得多、烧得透。待全部装好以后，就在外面用草覆盖两三层，四周同时点火燃烧，直烧得一个个土锅通体透红，在烈火中永生，似凤凰涅槃，由黑色蜕变为土红色的是为上品。土锅出炉后，到要用时，先用米汤浸泡，土锅将更为耐用。

现在，随着人们生活水平的提高，土锅用来蒸煮的功能虽然已经让方便快捷的电器替代了，但是想要喝到甘甜、清凉的水，味道新鲜的汤，药味十足的中药，醇香的茶，其他器皿是难以取而代之的。尤其是女人“坐月子”期间，用土锅饭、土锅鸡服侍到满月最好。除此之外，土锅还有着自己的“土”文化，若是隔壁邻居问你

姑娘或是儿媳："格是要吃土锅饭了？"其意思是问是否要分娩了，"土锅饭"因此成了分娩坐月子的代名词。又由于土锅传热慢、散热慢、沸头大，烧开的水从火上端下放在地上，半天还见其呼噜呼噜地沸腾。所以，澜沧人说某人是"上允土锅"，后面未言喻的一句是"沸头大"，即"上允土锅——沸头大"，是专指言过其实的贬义歇后语。由此可见，上允土锅，在饮食文化中，在澜沧本土，除了具有不可替代的烹饪和储存功能外，还创造了属于自己的"土"文化，不得不说这是"土锅"的又一奉献。

如今，上允土锅不愁销，市场广阔。国内，销到了普洱、临沧、西双版纳、昆明、上海、广州等地；国外，远销到了泰国、缅甸、新加坡、马来西亚和美国。随着国家对民族文化传承的重视，上允土锅的制作也有了传承人，其制作工艺正向更加美好的征途前进。

土锅成品

绿海林中话神奇

在边地澜沧的南部有一片上天恩赐的绿洲。绿，铺就了这里的一切，覆盖了这里的所有。这里的绿不但大气、精致，还有一种神秘、一种诱惑等待你去感悟、去领略。这里还是神鼓敲响的地方，万物似乎都有一种神秘、一种神圣。只要步入其中，你将被拉祜族独特的民俗民风以及拉祜神鼓美丽、神奇的传说深深感动。

边境线上的绿洲

边地给人的印象往往只是片粗糙的高原，景致大致是红土、高山、荒原、山路、土著等等，很容易使人想到现代汉语里的这些词：原始、土、缓慢、蛮荒和苍凉。但并不意味着这里没有森林或森林很少，在澜沧县南部，就有一片置身于绿海之中的红土地——糯福。这里是森林之乡，绿，铺就了这里的一切，覆盖了这里的所有。从山脚到山头，从树脚到树枝，这里的绿总是那么大气，那么精致、无私和朴实。无论是谁，踏上这片土地，目光都不得不被这片绿海所吸引；无论什么季节，耳畔的阵阵松涛及眼前连绵起伏的绿海都会令人无限遐想。

和其他地方不同，糯福的森林既不属于西双版纳那种神赐的热带雨林，也不属于怒江等地以冷杉为主，夹杂着高山栎、桤木、

槭树等的硬阔叶林，给人以披鳖挂剑、刀枪林立的威严之感。糯福的森林是个例外，她不属于任何类型，但所有描写森林的华章、佳句用在这里都不为过分。那种感觉，也许像妖，或类似的东西，给你无限诱惑，却又无法交流，甚至你想躺一躺都是不可能的。总有一种东西不断推着你往里钻，一旦钻进去，就像钻进时间隧道，再也无法停下来。

❶丰富的森林资源

❷原始古木

糯福的森林是大地上的珍品。这个拥有106万亩林区面积，618万立方米活立木蓄积量的绿洲，森林覆盖率达77.7%，已远远超出全县60%的比例，是全县森林覆盖率最高、蓄积量最大的地方。人类生存的最大智慧就是尊重自然，因此，这里的人总是以包容、开放的大山情怀，在十年暴富和千年保护传承之间做出抉择。用心呵护着上天恩赐的这片绿洲，让其不但成为当地的一大优势与一大潜力，还使她在土地和人们心间生长，让人身在其中，可以慢慢品味那种与世无争的美丽、那种幸福的汪洋以及松弛。

绿海林中的守望

进入糯福地界后，蜿蜒的公路就被埋在了深深的丛林中，仿佛进入了另一个世界。满山满谷的松林、清新湿润的空气和着微风扑面而来。迎着山坡往上走，穿过糯福边防派出所，透过葱郁、古老的树林，只见一座拉祜族干栏式与欧美教堂风格相结合的建筑物深藏在一片

古老的原始森林中。它就是有名的糯福基督教堂。有个关于建教堂"牛皮圈地"的传说至今仍记忆犹新：早在1921年，美国浸信会的牧师永伟里、永文生父子来到了这里，主持糯福这带的教务。聪明狡猾的永伟里以一张牛皮上摆满的银子，向性情憨厚、质朴的拉祜头人换来了一座葱绿的山冈，并在山坡上建盖了这座五百多平方米的基督大教堂。并融合了西洋与当地民族的建筑形式和设计风格，其外形独特、新颖别致。如今，教堂仍在使用，并于1987年被省政府列为省级重点文物保护单位，2013年5月，荣列第七批全国重点文物保护单位。

环顾教堂四周，古树林立，牧草青青，鲜红的野樱桃花在教堂前怒放。一群群欢乐的小鸟在林中飞翔、歌唱。从林中飘来的阵阵清风凉爽、清香。教堂的上空，天蓝得没有一丝云彩。站在教堂前，抬头仰望，好像蓝天在飘、教堂在走，古老的树木在长高，人的灵魂也在飞翔。教堂里传出的诵经声是那么的悠扬，一字一句扣人心弦。会让不信教的你，也会情不自禁地跟着教徒们双手作揖祈祷。也才明白，美国传教士为何把这样一座规模庞大的教堂建在万

糯福教堂

❶ 糯福教堂一角

❷ 在教堂外虔诚祈祷

里之外的中缅边境线上，建在深深的糯福大山上，建在拉祜人的心灵中。

夕阳映照下，古树林中的教堂神秘、清幽。一位老奶奶席地坐在教堂前的草地上，浑身笼罩在夕阳的余晖中，松树皮一样的皱纹布满她的脸颊，干枯的手正拨弄着身边的小花，一副心满意足的样子。她就是娜米奶奶，一个十分虔诚的基督教徒，一个忠实的教堂守望者。

娜米奶奶出生在1915年，贫困的生活和可恶的病魔过早地夺走了她的父母。13岁结婚，15岁生下第一个孩子，一生生了3男7女共10个孩子，却只有一个女儿活了下来。1958年，丈夫也撒手人寰离开了她，是对基督教的忠实信仰，使她经受住了生活的贫困和无奈。也是那一年，她带着唯一的女儿搬进了糯福教堂，开始了漫长、孤独而寂寞的看守生活。

但是1969年，连一句汉语也不会讲的娜米奶奶在“文化大革命”中被当作封建迷信者赶出教堂，教堂活动被取消。直到1976年，党的民族宗教政策得到落实，她才再次住进了她日思夜想的教堂，开始了她平静的生活。四十多年的时间，无论晴天雨天，无论白天黑夜，她们母女俩都吃在教堂、住在教堂，以教堂为家，看守着这座古老的、拉祜人心中的圣地。娜米奶奶虽然年老体弱、行走不便，但每天起来她都拄着拐杖，与女儿一起轮流沿着教堂的四周走走看看，然后打扫教堂。由于有了她们，教堂周围的森林从来没有被人砍伐过，得到了很好的保护，常年树木碧绿、青草葱幽、鲜花飘香。在她们的心中，教堂就是她们的家，是她们生存的希望，是她们生活的依托，甚至是她们的生命。与她们相处，能让人真正领悟什么是灵魂的交融。

2003年，娜米奶奶和她唯一的女儿相继去世，人们心中仿佛丢失了某种说不清的东西，很长一段时间都无法释怀。少了娜米奶奶的教堂，在这片古树林中显得那么苍老、孤独。

没有了娜米奶奶，教堂周围的花儿也少了。即便如此，每次来到教堂的前面，虽然再也看不到那瘦小的身影，却总是感觉娜米奶奶和她的女儿始终没有离去，她们仍然一直并将永远守望着这片绿海林中的一切！

绿海林中的原始崇拜

拉祜族信奉万物有灵，倡导人神和谐、人与自然和谐。传说，拉祜族的祖先扎迪和娜迪从葫芦里走出来，奔向太阳，找到了新的生活。因此，拉祜族世代崇拜太阳，有许多关于太阳的故事。后来这些故事又演化为万物有灵的自然原始宗教观念。他们认为世上的一切物质都有自己的生命，而这一切又都归结为是天地日月造化的因果。

在糯福乡一带居住着拉祜族的一大支系——拉祜西，他们追崇原始自然神灵的意识深入每一个个体骨髓。窥视拉祜族在长期游猎生活中沉积下来的崇拜观念，“神”根深蒂固地缠绕在这个民

族的血液里。据他们自述，山上有山神，山神又是这座山中最神圣的统治者，所有生存在这座山上的生灵都由它统领。与此同时，这山上的生灵又派生出自己独立的神灵，如“树神”及动物类的“猎神”，还有类似的“寨神”“火神”“门神”等等。而所有的神位都有特定的时间或节日祭拜，有的是以事件为主线进行祭拜，就是说有了这件事才能举行这样的祭拜活动，这些活动又因人、因事体现出不同的祭拜形式和方法。

糯福南段龙竹篷老寨，这个深藏在群山密林中的寨子更是奏响了人神和谐的篇章。当地村民说，龙竹篷原来叫“绿竹篷”，后来确定地名时，因方言的缘故让“绿竹篷”变成了“龙竹篷”。还未走入寨子，寨门两边挺立着的象征男女生殖器的寨神柱，就足以让人感到震撼。寨内一幢幢干栏式的茅草屋相连在一起，在长年累月的火烟熏烤下，显得古老，好像在诉说着历史的沧桑。沿着寨头的石板阶梯走，和民居一样朴素地矗立在寨头的是拉祜佛堂，佛堂中除了置放着寨内的“通天神鼓”，还悬挂有用纸裁剪出的各式花样、灯样、

❶ 佛达通天

❷ 镇压石

人物图案，拉祜人的剪纸工艺在这里得到了较为完整的保留。

石阶两旁堆砌着大小不一的石块，据说这叫“镇压石”，是拉祜人用来镇压难训子女的。为了他们能乖巧听话、孝敬老人，遇到难以训教的儿女，束手无策的父母便会在佛达门前放一块石头以示镇压，右边没了位置就放在左边，日积月累，堆砌成墙的石头成了拉祜人望子成龙的心愿。微风中，竹片相互轻碰，叮当作响，这是拉祜人的祈福牌给虔诚的他们的一种回应，告知他们的祈愿已得到天神厄莎的许可，来年全寨人定能平平安安、风调雨顺、五谷丰登。

歌场中央竖着几棵高低不一的神桩，呈倒三角形排列，这是寨子里的寨桩。其中一棵因为年年更换还散发着木香，其他两棵则是有些年头了。时逢拉祜族的“扩塔节”（春节），他们便会在神桩跟前搭上左右两座供台，摆放各家各户送来祭拜天神的粑粑和一些自制的蜡条。神桩的后方竖着一棵足有三丈多高的竹子旗杆，旗杆上一左一右飘动着两丈多长的布幡，顶端插着白色的纸花，离顶端三四尺的地方扎着一把如伞状的纸罩笼，神桩的周围还插着许多如谷穗和木叶形状的白色纸花。当向一位年长的老人询问那些神桩及其摆放物品各自的用意时，老人用拉祜语相告，翻译后意思是：祭拜天神，祈求天神保佑。左边插的细花为谷花，暗示来年谷子开花、五谷丰登；右边一串花瓣很大的是代表木叶的花朵，暗示万木复苏的生命之花。万物生命源于天地日月，生命是开花后的因果。旗杆上飘动的经幡代表招纳四方福气。此

外，在整个过年期间，各村寨要互相拜年，互祝来年五谷丰收、人畜兴旺。

佛房外，一个四方的架子架着四把梯子，这是拉祜祖先扎迪、娜迪与天神互通信息的天梯，拉祜语意为“牡卡密卡”。印有日月同辉的白色经幡随风飘荡。据说那是拉祜族创世神话“牡帕密帕”的产物，寓意四面八方、四通八达。

另一边，一间上下两层的木板房总会静静地等待着客人的到来，屋内象征着拉祜人生生不息的火塘始终会烧得很旺。火塘旺旺，茶罐沙沙，伴随着一股清香，寨内的佛爷、卡些、角八、莫巴、者神、章利围火而坐，娓娓道来拉祜人政教合一的“卡些”制度。原来佛爷如同村民小组长，而卡些等就如同是村民小组里的行政班子成员，且职责明确。佛爷管理寨子的佛事，卡些管理寨子内务，角八管理寨子的祭祀活动，

❶年　花

❷虔诚祭拜

莫巴管理山神，者神管理寨子的牲畜、家禽，章利则管理寨子的农具。选举村民小组长需要民主选举，寨子佛爷、卡些等的选举也不例外，不同的是最后由神在候选人中选出其中一位担任。难怪被称为“人神共居的地方”。

自厄莎造天造地，天便是太阳与男人的象征，而地就代表月亮和女人。因此，拉祜族无论是祭祀的用品还是寨柱均是成双成对的出现，若配偶过世，佛爷也就只能让位，另选他人。说这里是“日月同辉的地方”，兴许就是这个缘由。

不经意间，佛爷吟唱起一个调子，虽然行外人全然听不懂吟唱的内容，但是那低沉的声音，伴着经幡飘荡的声音，总有那么一股神力将你带入那悠远的过去，那些用神话演绎的拉祜族历史与文化及爱情故事中，让人或痴，或醉……

政教合一的“卡些”制度

竹林深处傣崩人

和当地的傣族一样，傣崩人逐水而居、靠山而建，一样的尚水、爱水和敬水。同时他们仍然保留有古老的手工造纸技艺，还与火结下了不解之缘，用火赕出了火红的新希望。

诱人的波罗蜜

傣崩人与古老的造纸术

神秘的黑、鲜艳的红、翠竹的绿、天空的蓝……这些就是居住在竹林深处的傣崩人给人留下的记忆。傣崩人隶属于傣族的一个支系，族居在澜沧县的也只有上允镇的芒京、芒那两个村寨的七百多人。

蜿蜒的盘山公路还算好走，看不出哪是村寨、哪是人家，车到，寨子自然就到了。村外翠竹环绕、村内波罗蜜树成群，恍惚中让人心怡的是那种静谧安详，那种清新浓郁的绿意。说它是天然氧吧都显得有点俗，一切就是那样极其自然、和谐地存在着。竹楼上红唇黑齿、慈眉善目、精神矍铄的傣崩老阿婆三五成群地聚在一起，从挎包里掏出心爱的小盒子，将盒内的槟榔、芦子、石灰、草烟搭配在一起，边嚼

做纸用的构树

边聊天、边聊天边嚼，看着她们容易满足的神情，似乎由来已久，世世代代从来如此。据说，过去傣崩人居住在坝子一带，在缺医少药的年代，蛮荒的瘴气病横行肆虐，族人们在与大自然抗争的过程中，发现了经常嚼食槟榔不仅可以保护牙齿，而且还能抵御疾病的袭扰。久而久之便形成了嚼槟榔的习惯，特别是姑娘们要通过嚼槟榔后染黑牙齿才能够找到好婆家，因为她们认为黑其实是一种健康的外在表现。

居住在那里的人自称“崩人”，据他们说先辈们是从保山那边迁徙而来的，其中一支定居在耿马县孟定一带，另一支就徙居在这里。傣崩人和当地的傣族尽管性相近、习相同，却还是有一些本质区别。除了语言和傣族不一定相通之外，最为明显的地方在于头上裹的头巾。这条头巾不同于其他民族的，呈长方形，两端为黑色，最中间一段为细白、粗黑的条纹，中间两边则由红、绿、黑、黄、紫等细条纹相间而成，有些像商品的条形码。据说，这里的老年妇女过世后，一定要带一条这样的头巾，因为只有带上这条贮藏有特殊记忆密码的头巾，她们才能在阴间找到自己的祖先，否则就会成为孤魂野鬼。

来到傣崩寨，就不能不去看看传统的构树皮手工造纸，至于这古法造纸始于何时，现尚无史料可查，但从有关资料中推断已具有悠久的历史。傣崩人的祖辈们信仰佛教，在每次做祭祀时都要念经，而抄写经书需要用纸，在当时社会生产生活极其落后的情况下，纸又是奢侈品，一般老百姓用不起。渐渐地，勤劳智慧的傣崩人祖先们发现，用构树皮可造出纸来，且造出的纸坚韧洁白、柔润光滑、久存不陈、力撕不破、防腐防蛀，写在上面的字不会褪色，故所抄写的经文能永久保存、世代相传。现在，不但傣族用它来抄写傣文经书，周边的各民族及寺庙还用它来做经幡及纸扎祭品，广泛应用于民俗活动及日常生活中。

傣崩人手工造纸技艺是在传统造纸术基础上发展演变而成的一门手工艺，堪称中国民间造纸术的"活化石"，是迄今为止工艺传承最为完整的手工造纸技术。造纸工艺完整保留了造纸术发明初期的浸泡、蒸发、捣浆、浇纸、晒纸，共有 5 个流程 11 道工序，包括采料、拌灰、蒸煮、洗涤、揭纸等，造出的纸他们称为"给"或"结"。

芒京、芒那傣崩人的手工造纸，在 20 世纪六七十年代随处可见，寨子里 70% 的妇女都会制作，他们制作的纸曾流传至缅甸和西盟、临沧、景洪等地区。但随着大量的机械纸张涌入市场，冲击了

❶ 造纸工艺传承
❷ 手工制作纸池

晾晒做好的纸

传统的手工造纸，由于其成本高、出售难、价格低、花费时间长，许多从事造纸的农户不得不转向发展其他产业。现在寨子里基本没有了专业造纸的农户，芒京、芒那傣崩人的传统手工造纸工艺已处于濒危状况。为保护傣崩人这一文化瑰宝，让后人能完整地、原汁原味地领略到这古老手工造纸的流程，2005 年在云南省第一次民族民间传统文化普查中，澜沧县经过多方采访、收集、整理造纸老艺人的造纸工艺资料，将其申报为市级非物质文化遗产保护对象。76 岁的咩爱农老阿婆就是为数不多的造纸术传承人，看着她娴熟地捣浆、浇纸、晒纸的制作过程，让人不禁感叹，在科学技术日新月异的今天，这门古老原始的手工技艺却依然存在于傣崩村寨。咩爱农老人可没有想那么多，她说现在这种手工造出来的纸已经不多，每张纸可卖 5 块钱，由于纸质坚韧厚实，具有较强的耐磨损、耐折叠、防腐防蛀等特点，经常被佛寺用来抄写经文、包装上等好茶，供不应求。上了年纪的她在家操持家务，闲暇时就会拿起工具，重复着她从小就会做的构树皮造纸，一来收入可以贴补家用，二来又会勾起对先辈们的念想。小孙女像模像样地捣鼓、帮忙，给正在剥构树皮的阿婆捎上一把米饭，在老人家欣慰和满足的神情中，似乎隐喻着这古老的手工造纸技艺有了新的希望。

火中的祈福

都说傣族是水的民族，尤其是喜欢吃糯食的傣家人，生性如同水和糯米饭一样似水柔情、温柔善良。傣崩人亦如此，他们逐水而居、靠山而建，一样的尚水、爱水和敬水，但同时他们又十分崇拜火，以火赕佛、祭祖，以火照田、驱虫，以火照岁，祈年，所以说他们又是尚水祭火、水火兼容的独特族群。春节前的一个多月，傣崩人就会相约上山砍伐一种叫盐酸果的树枝，这是他们祭祀时不可替代的必需品。作为传统的稻作民族，一年的粮食收成是傣崩人赖以生存的基本保障，风雨虫鼠、电光火石，都可能决定农作物的产量，也决定着一个族群的繁衍生息。限于当时的生产技术及人们的认识水平，族人只能借助想象，借助于对火的原始崇拜，把战胜这些自然灾害仅仅寄托在火神奇的威力之上。于是，每年的春播前夕，傣崩人就会定期举行盛大的点火赕佛仪式，

❶ 火中祈福

❷ 搭建好的赕火佛塔

通过燃烧用盐酸果枝条搭成的佛塔，祈求火神和佛祖赐福，保佑全村人风调雨顺、五谷丰登、人丁兴旺。也由此，傣崩人将这一习俗称之为赕福，将这一天称之为“赕火节”，且代代相传、历久弥新。作为族人，这个时候家家户户都会尽可能多砍回一些盐酸果枝条，寓意着多奉献枝条，就会多得到福禄，家庭能够顺顺当当、和睦相安、人随心意，这一习俗一直延续至今，且赕火仪式一年比一年热烈、隆重。

傣历的三月十五这天，寂静的小山村顿时热闹起来，身着艳丽服装的傣崩人各忙各的，男人们扛上去皮后的盐酸果枝条早早地来到广场，按照长者们的事先安排，或挖基打桩、将枝条绑扎搭建成三四米高的塔，或将硫黄、硝石和木炭按一定比例兑配成自制的火药，并装入自制的竹筒中，穿入火线，制造一种叫“高升”的土制礼花……反正没有闲游的人，大家都自觉地参与到活动中来，虔诚地搭建着他们心目中神圣的佛塔。当然了，芒京、芒那两个寨子搭建佛塔的形状一般都不会相同，每年都不一定相同。神奇的是在整个佛塔的建造过程中是不用一颗铁钉和一根铁丝的，并且随着年份的跨越，族人们还会创造性地赋予它新的内涵。这时候，勤劳的女人们也在自家忙开了，她们非常乐意将山林野菜、家畜家禽、五谷杂粮做成一道道“豪弄”（甜凉粉）、“豪啪”（油炸糯米饼）等傣崩美味，与来自各方的客人一起吃一顿特色的“团圆饭”。在傣崩人看来，只有过了赕火节、做了佛事，他们心里才会踏实、安稳、顺坦，才能下田入地做农事，一年的劳作也才会劳有所获，才会五谷丰登、人丁兴旺。

❶塔　尖

❷诚心搭建佛塔

落日的余晖映照着竹林老树，早已梳洗、装扮好的傣崩人，三三两两或成群结队地前往缅寺，信奉南传上座部佛教的善男信女们，手持香烛，口念佛经，敬献贡品，开始集体的点火仪式。天色渐暗，赕火节激动人心的时刻随之到来，勇敢的男人们点燃了十多米外的小火箭，呼啸着飞向早已搭好的佛塔。此刻，人声鼎沸、群情激扬，欢呼雀跃声、诵经祈福声，声声都是心灵碰撞发出的响声。激情的象脚鼓舞、婀娜的孔雀舞，一个个颇具特色的舞蹈都是热情之花的绽放，每一声喝彩都是发自内心的呼喊，声与声连成了一片，心与心连在了一起。人助火旺，光芒四射的高升礼花，像极了金灿灿的稻穗。这时候你才能够真正体会到什么叫“众人拾柴火焰高”，才能够理解傣崩人也是火的民族，才能知道他们对风调雨顺、五谷丰登的渴求和期盼。今天看来，傣崩人的赕火节在全国也应该是唯一的。

天空繁星点点，地上篝火熊熊。忘情的人们始终徜徉在这歌舞的世界里，流连在这激情燃烧的时刻，忘返在这春天的不眠之夜。此刻，所有人都会在心底真诚地祝福傣崩人民风和日丽、粮豆满仓、年年如此！

乡情澜沧街

澜沧的街天承载着太多澜沧人的记忆，形形色色的人们共同演绎了街子天的精彩故事。赶澜沧街，不仅因为澜沧街的商品丰富、物美价廉，更因为街天让人们感受到了乡情乡土的一种温暖、一份怀念。

在澜沧都有赶街子的习惯，或五天一街，或七天一街，约定俗成，风雨无阻，雷打不动。赶街已成为澜沧人的一种生活方式，无论是上班族还是老百姓，赶街都已经融入了他们的生活。对于澜沧人来说，这一天不仅是热热闹闹的赶集日，它还是时代变迁的见证，澜沧的经济社会发展变化也能在这里找到痕迹。澜沧街天，不同的人所展示的各种风貌，共同构成了一道独特、亮丽的街天风景线。

澜沧人习惯把赶集叫赶街。这里流行这样一句呼朋唤友的话："走，赶街克！"或邀约三五个亲朋好友，或携家人买买吃的、看看玩的，都是件很惬意的事情。县城勐朗坝的街子每七天一街，逢星期天赶。街天应该是新中国成立后才开始赶起来的，尽管赶街的时间不算太长，却因商品丰富、特色鲜明而人员众多。特别是 2003 年赶街地点从勐朗大街搬

澜沧民族街街天热闹景象

迁到民族街以后，街面变得更加宽阔，往来更加方便，让这条街历久弥新，越赶越繁荣，以至于享誉普洱市乃至云南省。

小城的魅力在于街子天，这是勐朗坝的盛宴。为了能在街子天找个好位置，来自远方的商贩们星期六就已经早早地把好摊位、堆运货物、划地为界。更为辛苦的是为了货物的安全，商贩们一直要在街边将就着守候到第二天。星期六下午的早街，熙熙攘攘的市民就开始挑选从远处乡镇富东、大山、上允等地运来的货物，大家来回穿梭着和小贩们讨价还价，就图买个早货，图个新鲜、便宜。

初春的澜沧街乍暖还寒。一大早，此起彼伏的喧闹声就已经撩开薄雾中的大街，四乡八里的山货人见缝插针摆地摊，各忙其所地备好了即将出售的货物。赶早的拉祜、阿佤、哈尼、傣家、布朗的姑娘小伙们，三三两两、四五一伙、七八成群，快乐地从乡间涌向集市。因为在街上也是老表、老朋友相遇的好地方。对于他们来说，每周一天赶街的时间，是

要休息的，就像过节一样，要穿漂亮衣服、买好吃的东西。街天他们身着色彩斑斓的衣服，使这里变成一个民族服饰的荟萃地，就是民族和谐的大观园。想要买一些上好山货的市民就得早起、早出门，诸如兰花、药草之类的山野珍奇，是可遇而不可求的，那些叫得上名的、叫不上名的，或是刚从树干上摘下带花茎、带苔藓、带须根的山珍应有尽有。这时候还得凭运气，能赶个早买到好货的概率自然就大些。

上午 10 点左右，是赶街的高峰期，近一公里长的民族大街上，上万人摩肩接踵、人头攒动、人声鼎沸。笑闹声、叫卖声交织在一起，凡是乡间需要或有市场玩得转的各类物品琳琅满目，可以说这是现实版的“淘宝网”。赶集也是技术活，作为一个地方的物资集散地，麻雀虽小，五脏俱全，如今随着大家生活逐渐富裕，物阜民丰，货物品种繁多，这就需要练就一双火眼金睛。人无我有，人有我优，就是自家地里有的，也要横向比较一下，分出个三六九等，比个优、良、中、差。头黄、二黑、三花、四白看狗市，红鲤、鲜虾看江鱼，可不能被七姑八姨、大爷二叔的奉承弄晕了头。买东西那可要货比三家，了解行情、精挑细选才会物有所值，甚至物超所值。勐朗镇富本中寨的哈尼族村民勒乌，大多在放牛和闲暇时削干巴棍，一个礼拜下来靠卖干巴棍能够有三四百元的收入。他说：“个个寨子都有特色，他们寨子的特色就是卖烤干巴棍，在县城勐朗坝用的干巴棍基本上是他们寨子的人卖的。干巴棍因其竹子柔韧性好、耐烤，而且还有一股竹香味而声名远扬，小棍子已经远销景洪、普洱、缅甸等地，且大受欢迎。”除了卖干巴棍外，同一寨子的哈尼老阿婆还有模有样，当街就现刮现卖橄榄生，那娴熟的手法，原汁原味的橄榄生是绝对不会掺假的。

充满乡土人文气息的街天，在这个时节，最好的就是一些冬蜂蜜、茶叶、茶花、野葛根，只要你从摊前经过，摊主就会招呼你：“格要嘛，野葛根，吃了清火，好在呢（舒服）。”“格

❶ 澜沧山野特有的小螃蟹

❷ 新鲜的山茅野菜

❸ 色彩各异的糯米粑粑

要嘛，土蜂蜜，甜蜜蜜呢……”一般的山茅野菜则捆成把或论堆来卖，买卖全凭双方自由还价，不过差价不会太大。竹塘田坝寨子的腌萝卜、苤菜根、霉豆腐等咸菜还未步入民族街入口处能闻到香味了。如今各类咸菜已远销昆明、普洱等地，备受消费者青睐。五颜六色的糯米粑粑就放在簸箕上卖，闻上去还带有浓浓的芭蕉叶的清香味。勐滨傣家的猪、牛、鱼干巴，配上糯米饭既可解馋，又可领略一番民族风味。整条街有的人卖东西连秤都不用，依然论堆卖、论个数卖、论碗卖，朴实、厚道的老百姓把诚实守信表现得淋漓尽致。

对外地的游客来说，澜沧街不仅民族众多、乡风淳朴，而且山货奇多、物美价廉，是值得一来的地方。每每有空闲时间，他们都会带着亲朋好友从普洱、西双版纳等地来澜沧赶街，不一定非得买些什么，就是到街上走一走、看一看，那种心情溢于言表，就是怀念故乡、寄托情感的一种方式。

澜沧是山区大县，延绵、厚重的大山养育了各族儿女，他们辛勤地劳动着，安详地过日子。今天，走出大山、走向街头的乡亲们，依然保存着泥土般的朴实、亲切。可以看到，生活在澜沧县城的人是幸福的，他们不仅享受着城市的繁华，还享受着乡村的怡静。生活在澜沧的百姓也是幸福的，他们已经走出家门，把沉甸甸的收获转化为经济收入，日子正逐渐走向富足。赶街对于澜沧人来说是不会停歇的，赶澜沧街会让人感受到乡情乡土的一种温暖、一份怀念，在熙熙攘攘的人群中澜沧街将走向新的繁荣。

人员如织的澜沧街天

第三章
千年古茶的追溯

澜沧是普洱茶的重要原产地之一。如果说普洱茶是大地给普洱人民的馈赠，那么普洱古茶树及衍生在古茶树上的精灵“螃蟹脚”则是大地给澜沧人民的额外馈赠。这里不仅有世界唯一的景迈芒景千年万亩人工栽培型古茶山，还有世界唯一的野生型向栽培型过渡的邦崴茶树王，更有成林成片的十几万亩野生茶树群落。澜沧悠久而又丰富的茶文化资源，造就了实至名归的世界“茶树自然博物馆”的奇特景观。

追溯普洱茶发源地

从古老的宽叶木兰，到野生茶树、过渡型古茶树和栽培型茶树，茶树从远古一步步走来，却始终在普洱大地上繁衍生息。普洱茶的神奇之处，在于不仅能够孕育沁人心脾的茶香，还能千百年来凝聚这缕香气，使其愈发浓郁。千年的光阴，不知不觉就过去了。对于过往，普洱古茶笑而不语。

澜沧江中下游流域古老的原始密林是最早孕育古茶始祖的母亲，也是养育最早发现利用茶叶的古代濮人的故土。从多处新石器遗址和采集点的发现，以及所采集到的大量石斧、石刀、石范和古陶碎片证实：早在三千多年前，澜沧江流域就生活着一些古老的山地民族，即古百濮，以及后来的古羌、百越等族群。《元史·地理志》记载：百濮、和泥是唐以前思茅最早的居民，新石器时代就有古代濮人先祖在澜沧江流域生活。隋、唐、宋时期，朴子蛮所指的也是濮蛮（布朗族）。唐朝咸通三年（862 年）樊绰出使云南，在他所著的《蛮书》卷七中记载：茶出银生城界诸山，散收无采造法。蒙舍蛮以椒姜桂和烹而饮之。据考证，银生城为现今云南西南部景东城，当时的管辖地域便是澜沧江中下游流域，现今的普洱、西双版纳、临沧等所属的大片地区。这就证明了唐代时期云南西南部就是产茶、制茶的地方，是云南大叶茶树的发源地和普洱茶的始祖地，只不过形成普洱茶这个名称是唐代以后的事了。

由此可追溯澜沧江是普洱茶的母亲河。

澜沧江流域是普洱茶最早诞生的地方，也是普洱茶发育、成长、壮大，走向皇宫、走向辉煌、走向世界的大本营。

澜沧江发源于中国西北部的青海高原玉树地区。千百万年来，澜沧江流域的自然环境以一个伟大母亲的胸怀，养育了普洱茶，养育了两岸的无数生灵。

最早的茶只是一种古老的被子植物，是后来的风霜岁月把它演化为今天的茶叶。以中科院北京植物研究所和南京地质古生物研究所公布的澜沧江流域“景谷宽叶木兰”和“中华木兰”（新种）化石为依据，演绎出被子植物之源，并进化为山茶目科属植物。在经历了三千五百余万年漫长的沧桑岁月后，茶目科属植物与苏铁、桫椤植物一样，作为第四纪

冰川期的劫后幸存者保留下来，并在澜沧江流域这个湿热环境条件下，发育成为古茶始祖，成为古茶树的原产地之一，也是人类最早发现、驯化并利用茶叶的古老之地。

走进澜沧江流域这块古老的沃土，你会聆听到许许多多关于澜沧江和茶马古道的传奇故事，可以目睹无数承载着普洱茶历史文化的老路、老碑、老物、老屋、老茶、老字号，和各民族老人们一起追忆那些早已被人们淡忘了的古道、古歌。作为澜沧江流域普洱茶人的后代，我们倍感澜沧江母亲河容纳千山万壑的博大，她把普洱茶留给了后人，让千万年之后的我们仍能体会到那份无私给予的伟大母爱。

据记载，远在新石器时期，澜沧江流域古滇国百濮族群以及其他族群先民们就已经发现、驯化并利用了茶叶，知道了茶叶的作用和价值，在千百年来的历史进程中进行了许多探索，最终形成了以澜沧江中下游流域为母源的普洱茶发源地、成长地。普洱茶的

❶ 澜沧江沿岸的古茶树

❷ 秋之韵

❸ 古茶树千姿

发展又推动了茶马古道文化的诞生，而茶马古道的诞生和延伸，又促进了普洱茶质与量的扩展，发展和壮大了普洱茶产业。

走进澜沧江流域，如同走进了普洱茶王国的迷宫。凡是了解普洱茶历史和现状的人，无不为澜沧江流域普洱茶的悠久历史，多层次、多类型而振奋和感动。在这块古老、神秘的土地上，你可以感受到驰名中外的西双版纳六大茶山魅力所在、领略到举世无双的澜沧景迈芒景千年万亩古茶林的神奇、目睹邦崴过渡型千年古茶树的雄姿，还有镇沅千家寨两千七百余年的野生古茶树、澜沧帕令黑山万亩野生古茶树群落和凤庆香竹箐的“茶王之母”都着实令人惊叹，它们都是目前世界上已知的最古老的茶树之一。

踏入这块古老、神秘的土地，无论是从人类探索发现、

驯化利用植物（茶叶）的角度，还是研究普洱茶的历史文化走向，或者是从开发绿色山水旅游来看，这里都是一方风水宝地。自明、清以来的几百年间，澜沧江流域就是一块备受世人瞩目的普洱茶原产地，是云南边地先民用千百年的血肉之躯铸造的丰碑，是云南各族人民的骄傲。她代表了一个地域民族的成就，体现出一种不灭的民族精神象征。她是华夏民族认识物种的智慧结晶，是中国茶文化发展的历史见证，也是全人类共同的遗产和财富。

如今，普洱茶从云南西南部澜沧江中下游流域密林深处的原始森林里被发现并利用，已演变成一个具有强大生命力的品牌。这是茶区各族人民几千年实践、创造和历史长河陶冶的结晶。茶马古道冲破了普洱茶与外界千山万水的阻隔，融历史、文化、经济为一体，荣耀地走向了世界。

❶ 老茶春潮

❷ 澜沧江沿岸的古茶树

景迈山之恋

茶祖的子民守着一座茶山，让茶的歌千年不绝、茶的故事脉络清晰、茶的历史源远流长、茶的文化熠熠生辉。他们守住的不光是金山银库，还是集生物、文化、生态、人文、艺术于一身的宝库，是极为罕见的自然和人文的宝贵遗产。

这座山就是世人敬仰的景迈山。

一

一如对一个人的眷恋般，对一座山的眷恋，思之浓，念之深，无论隔着多少山水、隔着多少纷繁的人与事，只要捧起一杯茶，呼吸间，那茶香，唇齿间那回甘直让你魂牵梦萦，情之痴，意之切，想放也放不下。

这山，当然是景迈古茶山，各类植物共生的土地与空气，各民族同生共息的聚落空间。这里，茶让山变成金山银库，成为人们生存的“拐杖”。更有那以茶为生、因茶繁衍，进而形成的人文精神，传承了千百年仍经久不衰。这条清晰而绵延不断的历史人文脉络，加之自然生态的多样性和民族文化的多元性，使景迈山成为自然和人文的宝库——天然的茶博物馆。

这样的山水，这样的民情，融入了，就真的难舍难离。

景迈山的茶漫山遍野，从山下到芒景村三十多公里的山路，均在茶园里行进。早晨，和煦的朝阳照在身上，驻足景迈大寨之上，茫茫云海被阳光的画笔涂抹上五彩，一座座金塔的尖顶和佛寺峻峭的屋顶，把云海装饰成韵味十足的佛国，一阵阵诵经声，沁心入耳，让人不由心生万丈豪情，指点江山，挥斥方遒。

车行进在盘山道上，迎面而来的一株株大榕树，像热情的傣家人，迎面将游客揽入怀抱。傣族和布朗族村寨被万亩古茶树环绕、遮蔽着。茶树一般有四五米高，树干直径大多在十到三十厘米

❶ 在景迈古茶山采茶

❷ 壮观的景迈山全景

之间，还有比这更大的茶树，像老前辈在注视着身边的儿孙。这些上百年、上千年的乔木茶，混生在山上的原始古木之中，显得瘦骨嶙峋，树干上布满“老年斑”，枝丫上缠裹着湿漉漉的苔藓和叫不出名的寄生兰，还有一种形似螃蟹肢节的衍生物——螃蟹脚，给人一种饱经风霜的沧桑感。

景迈山古茶林人、地、茶、林四位一体的山地景观，独特的林下种植技术，垂直的土地利用方式，是景迈山茶人顺应天时，利用地利，与自然融为一体的杰作。

景迈山古茶浓郁持久的香气，就是源于这样的生长环境。这里出产的普洱茶，带着一股王者之香，是大自然一手调制的味道，口感丰富，耐冲泡，无污染，无农残，就像号准了当下富贵病的脉，点了现代人食品安全的穴，有种让心灵无法抗拒的韵味，遇上了，就很难放下。在经历时光的淬洗后，散发出成熟的芬芳，为我们平淡的生活，装点出蜜样的甜润。

二

茶史，源于几千年前与茶在森林里的某次相遇。

相传，在芒景布朗族的迁徙途中，疾病在族人中间蔓延开了，队伍不得不走走停停。布朗族的部族首领叭岩冷感到身上忽冷忽热，不得不在一棵树下歇息。那棵树的叶子闪着蜡光，鲜嫩的芽尖翠绿欲滴，他从没见过这种树，便掐了几芽放在口中咀嚼，继而发现苦后回甘，满口生津。后来，他昏昏沉沉地睡着了，一觉醒来，身上轻松了许多。这是好药！他把这种树叶分给大家食用，族人的疾病渐渐痊愈。为了感恩，叭岩冷当即带领族人焚香点蜡，以本民族最隆重的仪式，向这棵不知名的树顶礼膜拜。他高兴

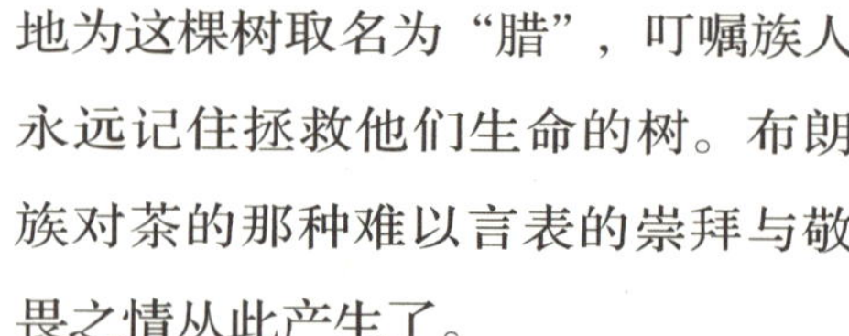

地为这棵树取名为“腊”，叮嘱族人永远记住拯救他们生命的树。布朗族对茶的那种难以言表的崇拜与敬畏之情从此产生了。

茶，就这样被布朗族的先人——濮人发现了。这一发现得到了当地各民族的公认，好多民族都称茶为“腊”。

队伍越往前走，途中遇到的野茶树越多。远眺苍茫的群山，哎冷看到一座山，远看像一头大象，走近山顶，满山覆盖着茂密的森林，土地肥得流油，七条清泉从山上流下来。这里有鸟有兽，还有在迁徙途中拯救过部族生命的“腊”。这里易守难攻，是建立村寨最理想的地方。哎冷为此地取名“芒景汪弄翁发”（布朗族的中心）， 决定以此为大本营，其下分为“汪西爱”、“汪西哈”（今缅甸布朗山）、“汪绍乃”、“汪绍弄”（今西双版纳勐海县布朗山）四个部落。他指挥属下先在大本营大面积人工种植茶叶，成功后逐步向其他部落发展。

哎冷用拐杖为子民指点茶树，大家随即做上记号，再把做了记号的野茶树移到驻地附近栽种，把采到的鲜茶籽播种在土里。野茶树一步步得到驯化，茶园一年年在扩展。

虔诚祭拜

这一棵棵被哎冷的拐杖指点过的茶树，大都是古茶园里的第一棵茶树。布朗族的后裔把象征着哎冷拐杖的栗树桩插在茶树下，取名“阿百腊”（茶魂树），并对其顶礼膜拜。从此茶魂树就被布朗族茶人赋予了与神灵同等的地位，他们认为山神和茶祖已经委托茶魂树守护这片茶园，它的荫泽定能庇佑这片茶园。

哎冷指点子民建村立寨，他插下拐杖的地方，就是每个村寨的中心，寨心同时也是村寨的保护神。布朗族后裔在寨心栽下几根象征哎冷拐杖的树桩，他们相信，从此保护神不仅能保平安，还能管住他们良心、道德、信誉等等行为。

布朗族祖先迁到景迈山后，部落的日渐强大，让周边部落的景洪傣王顿感惶恐不安。但经过征战失败和仔细观察后，傣王觉得哎冷很有本事，为了防止战乱就许愿把他的第七个女儿喃发莱公主嫁给哎冷为妻，并封他为“帕雅”，也写作“叭”（传说中的首领官职）。

晨雾中的哎冷山

帕雅哎冷装扮成一个普通的濮人小伙子去串姑娘。他与

七公主在集市上巧遇，两人一见钟情，经过弹琴对唱、树叶传情、鹦鹉传书，两人的感情不断升温，最后结为伉俪。这是两个青年男女的结合，也是布朗族和傣族、山地茶文化和河谷稻作文化的结合，也是百濮与百越文化的碰撞与结合。

帕雅哎冷去世后，为使茶山能够永远惠泽后人，他托梦给族人管家说："我想给你们留下金银，但终会有用完之时；留下牛马牲畜，终有遭瘟死亡之时，就给你们留下一块宝石和茶树吧！你们要像爱护眼睛一样爱护它们。"

族人管家问帕雅哎冷，您对我们的大恩大德，我们要怎样来报答呢？他说，只要你们按照我先前做的那样一直做下去就行了。你们每隔三年杀一条耳朵与角一样平的水牛和一只斑鸠祭祀我，我会在天上保佑你们平安、幸福。

从此，芒景的布朗族人为了祭祀帕雅哎冷，在每年的傣历六月七日这天，隆重举行祭祀茶祖的仪式。每隔三年举行一次大祭，剽一条耳朵和角一样平的小水牛作为祭品。其中的三年，每年举行一次小祭，杀七只公鸡（当斑鸠）给他献祭。

帕雅哎冷和七公主塑像

因茶而生、与茶相伴的布朗族，

其所思所想依然脱离不了自然。祭坛上除了祭祀茶祖，他们还要为茶、谷、防护林、小动物（包括害虫和益虫）、土神、水神、万物之神叫魂，以求这七种神灵永在，护佑他们衣食饱暖、平安吉祥。年复一年，这个仪式就演变成了现在的山康茶祖节。

被世人尊为茶祖者，大都是那些发现茶或对茶文化的推广和提升做出了贡献的人。因角度不同，对于茶祖的认定，也不尽相同。神农、诸葛亮、吴理真、陆羽是茶界声名远扬的茶祖，而在景迈山，帕雅哎冷和召糯腊是布朗族和傣族自古以来就十分崇敬的茶祖。

景迈山傣族的茶祖是他们的首领召糯腊。人们经常奇怪，惯于在河谷平坝定居的傣族，怎么会到高山上建村立寨？要不是首领召糯腊在景迈山上找到了古茶树，高瞻远瞩，预见

般地认识到茶树的价值，他们也会和其他傣族一样，选择近河而平坦的地方定居。

布朗族和傣族人民世居景迈山，种茶、制茶、卖茶、吃茶、饮茶、祭茶，形成了丰富多彩的茶文化。在对茶祖和自然的崇拜上，布朗族和傣族尊各自的首领帕雅哎冷和召糯腊为茶祖，布朗族用水牛做牺牲，而傣族用黄牛做牺牲祭祀茶祖，并同时祭祀各种与他们生存环境有关的自然神。虽然，祭祀的仪式各有千秋，但都有一个共同特征，那就是支撑他们的生存信仰和精神的强大支柱，连接着景迈山各族茶人的过去、现在和未来。

景迈山祭茶祖的仪式，作为一种原始、神圣、鲜活的传统习俗，在世界范围内都是独一无二的，为景迈山打造茶祖历史文化旅游产品提供了得天独厚的条件。

年复一年的祭祀，让茶祖的后裔凝魂聚气，一遍遍重温历史的记忆，牢记祖先与茶的恩惠。同时，也增强了他们与其他民族的团结和睦。茶在景迈山茶农的生活中，早已大大超出了物质的功能，成为民族精神的载体。祭茶祖既满足了他们延续茶与祖先的密切关系，又完整地保留了茶文化历史脉络。

三

献贡茶是芒景布朗族历史上的一件大事。要让明清两朝皇帝与京官喝上景迈山的茶，必须先把茶贡到孟连土司府，再经普洱府敬贡到京城。

❶ 蜂王神树

❷ 布朗族祭茶魂

研究傣文经书

景迈山原来隶属于车里（今西双版纳）。因为车里傣王与孟连傣王联姻，车里遂把勐满、勐根以及芒景、芒洪、翁基、翁洼等布朗族村寨和糯干傣族村寨给女儿做了"嫁妆"，这片土地从此就成了孟连土司掌印夫人的采邑，这里的人也就成了掌印夫人的"娘家人"。

这是传说，也就是我们说的"口碑资料"。让我们看看汉文史籍中又是怎么写的。《元史·本纪·地理志》《明史·地理志》都有记载。

元泰定三年（1326年），车里（今西双版纳州）的傣王昭哀姪哀赴京朝贡，朝廷奏准在其辖区内设置木朵路、木来州及三个甸。而其中的木来州后来又改置成木来府。

改置的原因是元军自至元二十九年（1292年）八月起，曾经多次出征八百媳妇（今泰国北部清迈一带），每次从木来经过，都得到足够的粮草。这让诏不敦、忙兀鲁迷、步鲁合答等元军将领觉得这是个军马之衢、战略要地，让中书省

奏准置为一个独立的府——木来府。

木来府，在孟琏长官司（今孟连）的东南，设置于元代，明代洪武年间延续了元代的设置，后来木来府被撤销了，并入孟琏长官司。

看来，传说和史载，二者还是互相吻合的。只是，车里傣王嫁女儿给孟连傣王已不止一次了。但不管谁当掌印夫人，这片土地，始终是掌印夫人的采邑，人，也始终是她的“娘家人”。

孟连历史上号称“九勐进，十勐出”，是古代茶叶的重要集散地，景迈茶山的茶叶大部分卖到孟连市场。茶马古道的多个出境通道均在孟连交汇。因为隶属关系，贡茶也先送到孟连，再经普洱府送到京城。

让芒景茶人骄傲和自豪的是那欢迎的隆重场面。贡茶人拄着拐杖，主持人在前面念着“向前走，莫回头，我们送金水银水来了”的话，一路走到孟连大河边，召朗汪（管理布朗族的傣族官员）带着人到桥上迎接。他安排送贡茶的人住在中城佛寺。孟连土司准备送他们的一条黄牛已经选好牵着来了，土司再送他们一百斤米。

上贡那天娜允王城举行大摆，事前派两个人到孟连宣抚司署里敲响大铓锣，全城百姓闻声后，集中在官道两旁夹道欢迎。贡茶仪式完毕，他们便杀牛宴请议事庭长和官员。席间，五位大臣各收到十斤茶叶和一竹筒腌茶。

四

这座茶祖圣山的文化空间是需要用心来体验的。漫步在景迈山古茶林里，徜徉在布朗族和傣族村寨中，百濮与百越文化之源泉催生、滋养出的这朵奇葩，带给你的应该是不一样的感受。

1 傣文经书

2 景迈山茶马古道

糯干，傣语意为鹿饮水之湖，这个傣族寨，曾经是七公主嫁给帕雅哎冷时，陪嫁来到景迈山的，原来居住在蜂神树附近。可傣族毕竟是爱水的民族，金鹿常来饮水的湖，对他们的诱惑实在是太大了。后来他们移居到此，采茶、种田，如鱼和熊掌，两样兼得。他们的人数虽少，但地位在芒景村却是无人可替代的，每次大祭茶祖时，那祭献茶祖的水牛脖子上拴的绳子，一定得是糯干傣族献的。大祭仪式结束后，他们赶回寨子，用一头猪做牺牲祭献本寨的竜林。糯干以长寿老人多而著称，八九十岁的老人依然在茶园里忙碌，仰望茶树上一枝一枝攀越、一芽一芽采茶的身影，令多少人叹为观止。而他们在佛寺里听经修禅时，那安详的背影透出的虔诚和修为，同样令人为之深深折服。

同样是古村落，布朗族聚居的翁基古寨与糯干傣族古寨却风格迥然，翁基依坡就势而建，古寺屋面陡峭，古柏树要几个小伙子手拉手才能合抱。见过孔子手植柏的我，张嘴却找不出恰当的形容词，只能说，好大一棵柏树！

走在村寨的一幢幢吊脚楼间，空气中弥漫着茶香，呼吸间带给舌尖的一丝丝甜，直引得舌底如泉涌，让人忍不住深深地呼吸。随意走进一户茶农家坐下，茶叶、茶汤、杯底传给你的是景迈山特有的兰花香，一阵

❶ 茶林深处
❷ 糯干古寨

阵沁人心脾，几泡茶下去，车马劳顿瞬间消散殆尽。

登上哎冷山，那掩映在森林和茶树间的犀牛潭、公主墓、祭魂台、战壕，处处留下茶祖的遗迹。大榕树的气根形成一道天然的大门，让经过公主泉的人们“抬头有福”。蜂神树上春来夏去的上百窝蜜蜂，告诉我们茶园的生态环境大可放心。七条山泉是他们浴佛之水的来源，芒洪八角塔上精美的石雕，让老石匠自叹不如。

人们被景迈山这巨大的磁场所吸引，年复一年地在这座“天然的茶树博物馆”里徜徉，吐纳古茶树特有的兰花香，看布朗族祭茶魂树，听茶祖节唤茶魂，记录下他们古往今来的故事。每次造访景迈山，都有惊喜在前方等待着我们。吸引人们的不仅仅是景迈山茶的兰花馨香，对景迈山茶文化魅力的亲身感受，及环境与气场带来的视觉冲击和精神震撼，会让人对茶之信任和喜爱加分。

景迈山的茶，对许多人来说，不仅仅是商品或饮品，需要贴近山、贴近树、贴近人，才能真正读懂它，闻到它的霸王之香，喝出它饱含的独有韵味。

这就是景迈山之恋！

走进普洱景迈山

在美丽的澜沧江畔，循着从茶马古道传来的马帮铃声，你会被一座绿意葱茏的茶山深深吸引，这座山就是景迈山。一方水土养一方树，景迈山以独特的地质气候孕育了世间罕见的千年万亩古茶林。不论你是一个爱茶、做茶生意的人，还是一个喜欢亲近自然、经常游走名川大山的匆匆过客，景迈山都是一个你去了还想再去的地方，一个令你时常想起的地方。

茶林深处

车子从惠民旅游小镇出发经过二十来公里蜿蜒崎岖的盘山公路后直接驶入景迈山大平掌的中心地段——弹石路边停了下来。初来乍到，一切都显得神奇、壮观、静谧、清新，这是古茶林给每位初涉此地者带来的特有景致。

漫步在绿意无边的大平掌古茶林，感触到古茶的滋润与芬芳。一棵棵绿叶婆娑的参天古木和风姿绰约的古茶树在微风吹拂下“沙沙”地向我们打招呼，好像是盛情的主人在热忱地欢迎远方客人的到来，那阵阵飘来的淡淡茶香带给我丝丝的喜悦，感觉极惬意。步入茶林深处，仿佛置身于人间仙境，远离了城市的尘嚣、杂闹，一切都显得那么清新、恬淡、自然、和谐。随手从茶树上掐一片嫩芽放在嘴里咀嚼，

先是涩的味道，之后开始回甘，很舒展、清透的感觉。生长在古木丛林中的古茶树，集自然之精华，吸千年之灵气，至今仍保留着自然苍劲的容姿。说不清这里是先有树、后种茶，还是先种了茶、后长了树。特别值得一提的是衍生在古茶树上罕见的“螃蟹脚”，被人们形象地誉为古茶树上的精灵，自然生态的“螃蟹脚”有浓郁的特殊清香，入口爽滑，回甘味甜。并以其独有的清热解毒，降血脂、血压的药用价值和延年益寿的功效吸引了众多游客的眼球，因自身价值飞速提升，若不诚心细看，已很难发现它在古茶树上的藏身之处。

据说，早在傣历六百年（1139 年）前，景迈茶山大平掌一带就出现了茶叶交易市场。明代以来，景迈茶山的茶叶又作为贡品，每年上贡给孟连的土司，并逐渐成为闻名遐迩的“普洱茶”原产地之一。这时，已有部分茶叶通过马帮远销缅甸、泰国等东南亚国家，并有诸多国内外商贾往返于普洱（今宁洱县）、思茅、澜沧之间。后来随着普洱茶贸易的兴盛和贡茶声誉的不断提升，经营普洱茶的商贾云集景迈茶山，可谓马帮四至，通过边贸商道的频繁往来，促进了各民族之间的交流与发展。纵观古茶林的古道痕迹，是这些尘封的茶马古道，无声地见证着千年古茶林的悠悠岁月，折射出一个时代经济社会的风云变幻和历代茶人传奇艰辛的足迹。难怪国内外的茶学专家称这神奇连片的千年万亩古茶林是珍贵的“茶树自然博物馆”，是目前世界上保存最完好、年代最久远、面积最大的人工栽培型古茶园。它有力

❶ 衍生在古茶树上的螃蟹脚

❷ 大平掌茶林

2

地见证了中国茶文化发展的历史。

穿梭于古木盘曲、藤萝覆盖的古茶林间，用心感受前人踩过的足迹和他们曾经付出的艰辛，用情领略祖先创造的古茶林的磅礴气势和雄伟气魄。脑海里突然萌生“马帮铃声已逝去，古茶醇香今犹在”的感慨。千年过去，马帮铃声不再响起，但古茶林积淀下的是醇香、温润的品质，是品饮中获得的淡泊与超脱。而这些已化为血脉融进古茶林傣族、布朗族的生命，与这里的民族达到了心灵的契合，给重走古道、茶山的人们留下了许多神游和联想的空间。

景迈山冬晨

晨曦微现，走出茶山“景迈人家”酒店。尽管是深冬，古茶林处处仍弥漫着淡淡的、青淡淡的绿，就连空气也清新、甜润得充满绿意。径自来到小路，沿着充满诗意的台阶信步登上景迈大寨后山平台处。这儿地势独好，整个大寨的概貌尽收眼底。似乎经昨日的静夜修饰，一切都显得更加清新、自然、恬静。微风轻轻拂过，鼻息里渗进淡淡的茶香，感觉分外舒畅。冬天在这里并不觉得寒冷。这么爽人的新鲜空气，这么宁静、柔和的清晨，是生活在喧闹城市

❶ 布朗族老人采茶
❷ 采　春

壮观的景迈山云海

的人们望尘莫及的。目视千姿百态的古树、古茶支撑着湿漉漉的叶子，衬托起山对面连绵起伏的群山云海，伴着空谷间回荡着的清脆的鸟鸣，还有那袅袅的炊烟缭绕在每一片屋顶的上空，禁不住使人浮想联翩，心胸豁然开朗。那蒸的、煮的、炒的各种香味，凝成了一片香云，不多会儿便布满了整个山寨。

不知何时，听到缅寺里传来的钟声，回过神来，哦！看见了。绚烂的朝霞染红了半边天，一轮红日正从东边冉冉升起，揭开了笼罩大地的蒌纱。尔后，又轻轻地、温情地唤醒了绿色的群山。那如梦如幻的轻纱般的云海、漂浮的云涛，似推波助澜，在群山中荡漾、扩散……使人不禁沉醉在这浓墨重彩的画卷中，情不自禁地闭上眼，暂息在这万绿丛中，享受着无边的绿意。但闻细细风声，间或一两声山雀轻悠悠的鸣啼，似乎一下子脱离了世俗，整个人悠然间被净化了。忘却了尘世喧嚣，忘却了时间与空间，恍惚间，已物化成一棵树、一叶茶、一根草、一块石，与这里的山水古木融为了一体。人与自然、自然与自然的和谐在这里得到了最好的诠释。

景迈山古茶林的景致是神奇多彩的。这里回荡着欢声笑

语，这里流淌出浓厚的乡土气息，这里千年古茶香飘四溢。请看，傣家妇女们挎着背篓，三三两两地正向着古茶林深处走去，那牛铃“叮当、叮当”的立体声，还回荡在我耳畔……

悠悠古村落

千年万亩古茶林由景迈、芒景两个行政村的多个自然古寨相连而成，面积约 2.8 万亩。在这里，除了领略古茶林的神奇壮观景致外，宛若珍珠般散落在古茶林中古村落的独特风格也是不可错

过的。一个没有真正到过古茶林、古村落的人，是永远也无法想象或感受到这份独特魅力的。

生活在这块古老土地上的布朗人和傣家人，祖祖辈辈依托着大山繁衍生息，对这片古老的家园始终充满了极其深厚的情感，从祖先帕雅哎冷起至今一千多年未变。古村落的古不仅体现在房屋建筑的古朴上，还彰显在当地村民古朴的民风和习俗里。这里的大山与村落，古树、古茶与坐落其间的木板楼，构成了一道人与自然和谐共融的人文景观。特别是进入森林环抱的芒景村后，放眼望去，家家户户房前屋后，不是古树就是古茶，形成了人与树为邻，茶与人为伴的奇特景象。他们相依相随，共度岁月风雨，共享自然、和谐的盛世佳境。

既然到了古茶林，就一定要让平日浮躁的心轻松下来，让平日疲惫的步履停歇下来。翁基古村落就是个不错的选择，这里是你可以安放心灵的地方。这里的古柏树、古建筑、

❶ 人与自然和谐共处

❷ 阳光客栈

欢乐的古寨

古寺庙、古民风都是极富特点和诗意的。随意进入农家，是要大碗喝茶，还是选择小杯慢慢品味，那纯属个人的喜好。任由茶香肆意地从舌尖一直渗透到心田，买不买茶都不介意，喝或品仅仅代表一种心情、一种形式而已，那其中的曼妙只有自己感觉。想听布朗族祖先帕雅哎冷关于茶和傣族七公主婻发莱的传奇故事吗？想追溯古寺庙和古柏树的悠久历史吗？想探访蜂窝神树和芒洪八角塔的神奇吗？想破解长寿村糯干古寨的长寿密码吗？想体验百家宴、采花节等民风习俗吗？只要你诚心在意，古村落的老人们都会平静地娓娓道来。这些精彩片段犹如傣家人和布朗人用勤劳谱缀成的一串串美妙的音符，古茶林间一道道独特的风景线，定然会拨动你流连忘返的心弦。

呼唤茶魂

山康茶祖节

如果到了景迈山古茶林，并能赶上布朗族的山康茶祖节，不能不说是一件非常幸运之事，那充满神秘色彩的祭祀过程必将给你留下极其深刻的印象和记忆。

古茶山民崇拜古茶树、敬畏自然。在敬畏自然的背后，隐藏着一种非常奇妙而智慧的生存选择。这种选择就是在自然的天地里，茶树选择了与人相伴，人选择了以茶树为生。神奇的山康节就是布朗族群原始宗教的传统节日。

山康节是祭茶祖的节日，故也叫茶祖节。一般在公历的 4 月中旬举行，历时四天。大约起源于佛历八百年（899 年），正式的祭茶魂仪式始于景迈山种茶后的一百年。传说，茶魂就是茶祖帕雅哎冷的化身，茶魂树就是第一棵种下的茶树。举行祭祀活动的时候，布朗族茶民们都要前往古茶山林特定的地点祭拜茶祖、呼唤茶魂，以此祭奠茶祖、缅

❶ 向茶祖敬献贡品
❷ 节日里的布朗姑娘

怀先人，表达对先祖的怀念和崇拜。因为布朗族是个知恩图报的民族，他们感谢祖先开垦了茶山，并把茶山留给子孙后代享用，所以虔诚地祈祷把古茶山留给他们的先祖。人们深信，在茶魂树身上有着人和神的灵性，呼唤茶魂，祭拜茶祖，虔诚祈求茶祖保佑子孙后代幸福吉祥、风调雨顺、人丁兴旺。

山康节的头一天，一进入山寨，随处都可以感受到浓浓的节日气氛。人们停下所有的农活，迎接节日的到来。男人们忙着把沉睡在公房里的象脚鼓抬出来，清扫灰尘，制作吉祥如意的白象，还有的配火药、装火花、做高升；女人们则忙着做新衣、包黄粑，精心准备节日里需要的各种食品。

过山康节的时候，芒景村所属的布朗族村寨的男女老少身着艳丽的节日盛装，敲响象脚鼓和铓锣，带上早已准备好的祭祀贡品，纷纷前往古茶林深处的“帕雅哎冷”寺广场。那是一片广袤的原始森林，古树下是成片的、枝繁叶茂的古茶树，那是爱茶之人心中的圣地、灵土。在司仪的主持下，乡亲们手持点燃的自制蜂蜡，双手合十，虔诚地聚在摆放着各种供品的茶魂台前，倾听布朗部落里较有威望、备受尊敬的长者念经诵文。偶尔还听到老人们呼唤茶魂，对赋予他们生命和希望的古老茶山顶礼膜拜，给先人敬上糯米饭、黄粑、蜂蜡香、礼钱等，以此来祈求幸福吉祥。极富灵性的神奇场面，彰显了布朗族人对大自然的崇敬之情，再现了布朗族人对古老茶山的感激之情，表达了布朗族人对祖先帕雅哎冷的深切怀念之情。从这些古老的祭茶祖等仪式的文化遗产中，布朗族人能够明白“自己是

谁”“从哪里来”“又要到哪里去”，能够绘出自己的文化图谱，找到自身的优缺点，这些“根”之所系、“魂”之所在的文化遗产，成了布朗族群穿越时空，保持独立与完整，走向未来的精神纽带。

祭茶祖诵经礼拜过后，布朗姑娘、小伙翩翩起舞，跳起欢快的象脚鼓舞，在节奏铿锵的鼓声和绵长浑厚的锣声中，放歌起舞古茶山，以示庆贺。在喜迎茶祖节的盛大活动中，村民们还舞动鲜花、树枝，传唱布朗山歌，惹得宾客们融入欢乐的人群中，乐在其中、其乐融融。

正是有了布朗山康节这样隆重又神秘的祭茶魂仪式，才使得古老茶山的声誉和影响不断得到提升，以至声名远扬，使古老茶山被一代又一代保护下来，并在茶界里熠熠生辉。看着虔诚祷告的人们，不由得想起千百年来古老茶山上许许多多

传统“傩神”表演

关于茶的传奇故事，脑海里竟然浮现出英俊、强悍的哎冷王子和美丽温柔的傣族七公主在茶山上辛勤劳作的幸福身影。恍惚间，那一首首醉人的布朗茶歌仿佛从远处飘来，久久回荡在耳畔，这就是布朗人守望精神家园的实质所在。

今天，他们更加用心地守护着这片天赐的茶林，续写着属于他们的共同记忆。山康节和祭茶魂仪式，也已经淡化了许多原始宗教的神秘色彩，多了些节日的轻松与祥和。

快乐美好的日子总是这般快地走过。告别时，禁不住留恋起这片土地来。这里的每一棵古树、每一片茶叶、每一朵小花，都可以是一个传奇故事、一篇精美的散文、一首优美的抒情诗。正是这青山孕育下古茶林的自然生态和谐之美，给人们留下了难忘的记忆，润湿了心中的那块绿地！

布朗山康节

糯干山寨的梵音

梵音萦绕在山寨，穿透心灵，贴近灵魂，如细雨淅淅沥沥下个不停，如呼吸息息相通，更如心跳声声不息。穿越时空，穿越爱恋，穿越生死，感觉到空气与光相融，与紫烟相缭，梵音入耳涤荡尽胸间尘垢，悠远而回味无穷。

一个细雨绵绵的午后，走入景迈山糯干古寨，湿漉漉的石板路，湿漉漉的空气，湿漉漉的发梢，湿漉漉的双唇，湿漉漉的心情，干净纯洁，碧绿芳香。寨子依山势梯次而建，坐落在青山绿水之中，宛若妙龄少女正在“斜倚轩窗理云鬓”，让人陶醉。山寨并不大，但有百余户人家，为典型的傣族干栏式建筑，分上下两层。下层堆放着杂物和饲养牲畜；上层为住房，家家户户首尾相接，鸡犬相闻。淋浴在秋雨中，山寨似柔若无骨的少女，婀娜多姿；山寨又似强壮的少年，勃勃生机；山寨更似不老的神话，保持千年的芳容，让人惊艳。

但凡名山大多与名寺、名茶、禅茶很有渊源，佛门净地与茶似乎也有着千丝万缕的联系。糯干也一样，与茶、与佛结缘，充满禅味和茶味，充满灵性和悟性。在傣语中糯干为

“鹿饮水的地方”，民间盛传为金马鹿饮水的神池。据糯干村民波岩虎的两本傣文化资料记载并经考证：传说傣族祖先在一次狩猎之时，被一只金马鹿指引而来，人慢它慢，人快它快，通过几天的跋涉，来到景迈山突然消失不见了。先人发现这里地势平缓，山峦叠绿，山川秀美，天蓝水碧，气候适宜，就带族人迁移过来。于是，就有了景迈这个名字。傣语中景是指新，迈指城，景迈也就是新城的意思。有了景迈，也就有了在这片土地繁衍生息的子孙后代，有了傣家山寨——糯干。

关于糯干，也流传着一个美丽的传说，据说，濮人祖先叹冷在景迈山迎娶了傣王最美丽的七公主，两人郎才女貌，琴瑟和鸣，擅于种茶制茶，深谙茶效茶道的叹冷，深知茶为百草之王，能解百毒。为了让族人及子孙后代不受疾病困扰，怀着对公主、对子民、对后代深深的情和切切的爱，与七公主不顾严霜烈日，风狂雨暴，

手挽着手，心着连心，在满山遍野种下一株株苗，一段段情，播下祝福和希望，栽下甜蜜和喜悦，如同自己的孩子一样呵护它们慢慢长大，与茶为盟，与茶为伴，与茶为友，以茶为食，厚爱有加。

如今，景迈山已成为中国六大名山之列，正在申报世界非物质文化遗产，景迈茶也早已名扬四海，香飘万里。沧海桑田，斗转星移，万物皆生长。不变的，只有景迈山上依然供奉着的茶祖帕哎冷庙宇和七公主亭；不变的，只有山里山外四处传唱着的两人不朽的爱情；不变的，只有那千年的佛寺，千年的傣寨，千年的古树，静静地隐藏密林深处，茶林之中。

就在这个细雨绵绵的秋后，走在湿润幽静的山寨小路上，我诧异地发现一个小小的茶铺店，没有招牌，没有广告，只是在路边随意搭建的茅草窝，简单地摆放着些茶叶和几张竹凳。看到我来，主人热情地端来凳子，送上一杯热腾腾的普洱茶。品着醇香的茶汤，在这个烟也蒙蒙，雨也蒙蒙的山寨，整个世界仿佛静了下来，耳边似乎听到缥缈的梵音，若隐若现，若明若暗，若有若无，似烟似雾，似梦似幻，在蒙

山寨的梵音

蒙细雨中静静拨动心弦，敞开心扉，如天籁般的美妙。时光就永恒定格在那一刻，梵音穿透我的心灵，贴近我的灵魂，一阵阵，一场场，如细雨淅淅沥沥下个不停，如呼吸息息相通，更如心跳声声不息。

那梵音，穿越时空，穿越爱恋，穿越生死，在秋后的开门节中响起，在春前的关门节中响起，在傣家的小河边响起，在茶树的灵芽尖响起，在绿油油的稻田里响起，在金灿灿的谷粒中响起，在晶莹的露珠里响起，在点燃的蜡条中响起，在欢乐的人群中响起，在圣洁的同心锁上响起，声声入耳。在红尘飞扬的世界里，坚守着自己的信仰，坚守着自己的信念，守着自己的孤寂，独自绽放。伫立在雨中，顺着梵音飘来的方向，隐隐约约看到雨中的金色佛寺。我久久凝望没有靠近，只是听任浑厚的鼓声响起，清脆的木鱼响起，朗朗的诵经声响起。余音袅袅不绝，缕缕金玉声，梵音萦绕在山寨，萦绕在枝头，萦绕在心头，只感觉到空气与光相融，与紫烟相缭，梵音入耳涤荡尽胸间尘垢，悠远而回味无穷。不知不觉中，我脑海里浮现出一个画面："万籁此俱寂，但余钟磬音。"袅袅梵音，温馨绵绵，在这繁乱的世间，这一片净土，这一湾静水，这一块净地，无不是一幅最恬静唯美的画卷。

天地虽大，但心灵之美，唯恐只有糯干。在糯干的山水间、梵音里，你才能真正找到最纯净的天地，最纯真的心，最纯洁的灵魂，最纯美的自己。唯有梵音，空灵、悠长、深远，回荡在来世，回荡在今生，回荡在你我之间。

1 古道晨梦

2 宁静的山寨

寻访邦崴古茶之乡

有些人是生来就要承担使命的，有些树也是。邦崴古茶山上的茶树王就是见证，这是迄今发现的世界上唯一的过渡型千年古茶树，这里的一枝一叶均是上天和大自然千百年来积累的精华。听风、沐雨、看云、朝日、拜月，然后尽一棵茶树的本分。大自然优胜劣汰令坚强者屹立不倒、生生不息，这是勤劳智慧、开拓奋进的先祖们留给后人的恩赐和财富，也是上天给他们的机缘。

邦崴古茶山逸事

邦崴古茶山是云南西南部澜沧江流域较为古老、具有代表性的千年古茶山，特别是邦崴千年过渡型古茶树王的发现，使邦崴古茶山具有更广泛的知名度。古茶山以邦崴古茶树为中心，涵盖富东、文东两个乡，有佤、拉祜、布朗、彝、傣、汉等民族杂居。

邦崴地处澜沧江以南的崇山峻岭间，为澜沧“五山六水”的扎发谷山脉分支之一，是澜沧江畔很早就有人工种茶的沃土。特别是这里地处北回归线以南，海拔高度、雨量和温湿度构成了特别的生存环境，孕育了众多的古山茶科植物，最终演化为野生古茶树群落和过渡型、驯化栽培型古茶树群落。这些茶科属植物群体的存在，充分论证了澜沧江中下游流域是古茶树起源的中心地带的说法，其中邦崴千年过渡型古茶树王的惊现和专家的科学论证，对野生古茶

树驯化为栽培型古茶提供了理论和实物证据。到目前为止，在邦崴古茶山有纯野生古茶树，有野生型与栽培型之间的过渡型古茶树，有上千年的人工栽培型古茶树。三种类型的古茶都在这里得到了完整的展现。

20 世纪 80 年代初，有关研究专家在调查地方品种资源时发现了邦崴大茶树。直到 1991 年才引起有关部门和专家的重视，后经实地考证、采样化验分析认为：邦崴古茶树有野生古茶的树型和花果，枝叶形态特征属野生型与栽培型之间的过渡型古茶树，种植年龄在千年左右。邦崴过渡型古茶树的发现和论证，充分反映了古茶树早期发源与驯化、利用同源这一规律，对研究古茶树早期起源演化、植物遗传、良种选育和茶文化史等方面的研究具有重大的科学价值。这一发现同时填补了中国乃至世界茶学史上极为重要的空白。邦崴过渡型大茶树不仅是中国国宝级珍稀植物，也是全人类共同的遗产和财富。

1993 年 4 月，在思茅（今普洱）举行的“中国普洱茶国际学术研讨会”和“中国古茶树遗产保护研讨会”上，来自

宁静乡村

邦崴佛房遗址

九个国家和地区的一百多位专家学者，亲临邦崴古茶树现场进行研讨，与会代表在古茶树旁立下了“保护古茶树，弘扬茶文化”的纪念碑。同时，多年研究普洱茶的茶学专家黄桂枢先生还从邦崴周围的新石器考古和民族学资料来探讨，提出了邦崴过渡型古茶树应该是澜沧江流域古代濮人——布朗族先民所植的观点，得到了与会者的认同。后来，这一观点被《人民日报》和海外《世界日报》报道。此外，华南农业大学李斌先生研究后也得出结论说：澜沧邦崴古茶树通过染色体组型分析，与云南大叶茶种和印度阿萨姆种的核型对比，发现邦崴大茶树核型的对称性比前两种更高、更原始，起源更早，是野生型向栽培型过渡的结论，以核型分析结果看是完全正确的。1997 年 4 月 8 日国家邮电部发行《茶》邮票一套四枚，其中第一枚《茶树》图案就是邦崴的这棵古茶树。

“邦崴”一名据《澜沧地名志》记载，为傣语做汉语表述，“邦”为地方，“崴”为藤篾，含义为藤篾多的地方。也有佤族同

胞说“邦崴”是佤语地名，可找不到实据。民国三十六年（1947 年），邦崴设邦海乡，实行保甲制度，管理邦崴、芒海等村寨，共有 9 保 99 甲，至于更早时期的古地名称，已无记载可查。

据当地村民说，邦崴在古远时，曾经有佤族、彝族、傣族、拉祜族和汉族先民居住过。至今，还有很多遗迹可寻、可考。

在邦崴古茶山的探访中，村民们介绍了一个叫“佤族平掌”的地方。其实就是一处佤族祖先居住过的遗址。还有一处是在邦崴老茶树北面的坡地上，据说是彝族人住过的地方。在邦崴古茶山地域范围内，从古到今，居住和迁徙来很多种民族，但各个民族在这里居住的时间已没有什么准确的资料可供查询，更没有人能说得清楚。

后来，经过千百年错综复杂的民族迁徙，各个民族也在邦崴古茶山交错定居，并又迁徙他乡。特别是 13 世纪至 17 世纪以来，萨尔温江至澜沧江流域，是边地各个少数民族大迁徙的时代，最早居住在这一带的望蛮人也另走他乡，但有一些散居群依然住在附近。因此，邦崴古茶山才有了少数民族交错居住的格局。而这种格局的形成，也给后来者考证邦崴古茶树最早的主人带来了难以辨别的困难。

邦崴还曾是澜沧有名的佛教之地。佛教最早从安康南栅传入上允南乃，最后才定佛房在邦崴。现存的邦崴佛房遗址始建于道光二十四年（1844 年）正月十六日。

据当地一个叫周跃宗的老人讲述，邦崴佛房最初非常破烂，居住在佛房里的佛爷靠过路商客的施舍接济度日，后来慢慢积存了一些粮食，并得益于魏木匠和周木匠的鼎力相助，才建盖起当年雄霸一方的邦崴佛房。佛房位于两山之间的平地上，背靠千年古木参天的邦崴山，左右为两条山泉自然流淌。如今，邦崴佛房虽然只剩破败的残垣和照壁土墙，但是

邦崴佛房遗址

邦崴照壁遗址

放眼整个佛房之地，仍可领略到当年的霸气。走过佛地，残破荒凉与幽静美丽融汇在一起。夕阳西下，目睹着血红的余晖慢慢从那高大的照壁上缓缓滑过，最终坠落在苍苍茫茫的暮色中，一种说不清的思绪蔓延在心底。

据说，当年帮助邦崴佛爷筹建邦崴佛房的魏木匠和他的助手周木匠，原籍景东县。魏木匠原在军中当差，而且能文善武，是个很有影响的人。后来有人想暗地把他杀掉，得知消息后，魏木匠带领一帮兄弟出走，暂停在一个山沟里休息做饭，却被追来的官军包围。危急时刻，魏木匠难舍那已煮熟烘在火笼边的锣锅饭，就提起锣锅饭骑马冲出重围。从此，魏木匠被手下封了一个绰号——魏锣锅将军。魏木匠逃出来后，带着周木匠越过澜沧江，来到了邦崴，并帮助邦崴佛爷筹建佛房。据说邦崴佛房从设计、建盖，雕龙刻凤、山水书画，全部是魏木匠的手笔。至今，在邦崴仍传颂着许多关于魏、周两位木匠的故事。两人生是兄弟，死后也同葬在邦崴山，永远守望着邦崴。

魏云顺，是魏木匠的第七代后人，农村实行土地承包责任制时，邦崴古茶树连同园圃地一同承包给了魏云顺一家。

据邦崴三组 83 岁的魏丛妹回忆："邦崴最大的那棵古茶树早年是李青家的。李青是拉祜族，有两个儿子，原先就住在现在胡大家住的那个地基。"她还说："那时我还小，刚学着做活计，感觉李青家境不是很好，就把古茶树连同园圃地卖给了魏家，后来不知道去向。"此外，她还听说，古茶树在卖给魏家时，李青家已经管了九代人，有三百年左右。我们经过初步推测，得知李青家离开邦崴至今约七十年。但是在李家之前是谁家拥有老茶树的产权，又是何时、何人种植的却已无人说得清楚。

追溯邦崴的历史，寻找邦崴过渡型古茶树最早的主人，那是一段没有文字记载的历史，一个永远没人能揭开的谜。好在物证犹存，让千年之后的现代人能目睹老茶树枝繁叶茂、绿鬓如云的风采，品尝到老茶厚重、醇香的滋味。

见证邦崴茶王

澜沧是普洱茶的重要原产地之一。气候温和，地域广袤的拉祜山向来以种植茶叶的历史悠久而闻名，亚热带高山立体气候造就了香气高锐持久、质重饱满、滋味浓烈的高山好茶。富东也不例外，几乎家家都种茶、户户都有茶园。每年开春新茶上市时节，总会吸引众多茶叶商贩和茶友慕名前来收购、品尝。络绎不绝的客商不但填鼓了茶农的腰包，也让

过渡型茶树王

富东的高山好茶随着滚滚车轮而声名远扬。其中，富东茶叶的翘楚——邦崴古茶，更是因为古茶王树的存在而享誉全球。

邦崴，位于富东乡西南部，数百亩老茶林环绕其中，茶区年平均气温17℃左右，阳光充足，气候温和，夏无酷暑，冬无严寒，一年四季山清水秀，特别有利于高品质茶的生长。遥想当年濮人把一粒粒茶种从深山中带出，形成了今天邦崴独特的古树群落景观，野生茶和过渡型茶、栽培型茶散布其中，完全是一座茶叶种植、驯化的博物馆。山中修炼的岁月，在1991年3月的一天被打破。一行专家、学者在富东乡邦崴村新寨境内海拔1900多米的高山上发现了这棵足以傲视全球的过渡型古茶树。丈量得出此树的树干地径1.8米，离地0.4米处的树干直径1.56米，树高12米，树冠幅度7.8米，树冠挺拔，枝叶茂密，生机盎然，让人们领略到什么是绿鬓如

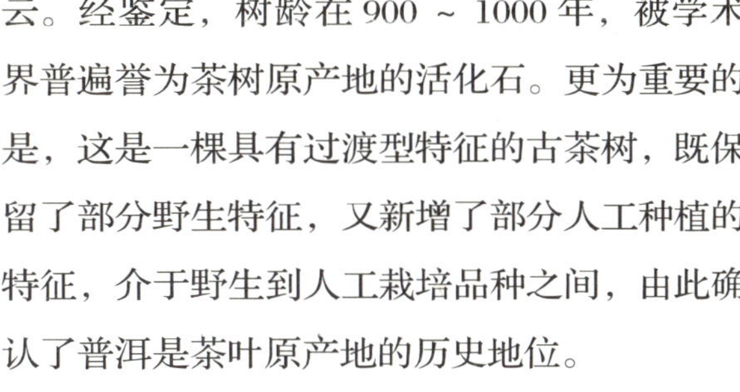

云。经鉴定，树龄在 900 ~ 1000 年，被学术界普遍誉为茶树原产地的活化石。更为重要的是，这是一棵具有过渡型特征的古茶树，既保留了部分野生特征，又新增了部分人工种植的特征，介于野生到人工栽培品种之间，由此确认了普洱是茶叶原产地的历史地位。

这一重大发现轰动了全球，改写了世界茶叶史：20 世纪 90 年代以前的一百多年间，国际学术界根据印度阿萨姆存活的古茶树，倾向于认为世界茶叶原产地在印度。邦崴古茶王树的发现颠覆了茶叶原产地的传统学说，证明了世界茶叶原产地在中国，在云南，在普洱。

听风、沐雨、看云、朝日、拜月，然后尽一棵茶树的本分，努力长出新芽、嫩叶，开花结果。古老的茶王树，见证和抒写的不仅仅是历史的悠久，更见证了大山深处源远流长的茶文化，改写了人类种茶的历史。

邦崴古茶王树，在从古至今的一千七百余年里，一直被当地茶农精心培育和采摘，却不为外人所知。它像一位慈祥的母亲，竭尽所能，辛勤地哺育着自己的儿女。阳春三月，百花竞放之时，这棵举世瞩目的茶中之王，虽垂垂老矣，却苍劲雄伟、青枝绿叶、吐纳新芽，散发着青翠、油亮的光泽和淡淡的茶香，给人厚润肥壮、生机勃勃的感觉。每年的这个时节，正是采摘古茶王树的日子。

采摘鲜叶当天，四乡八邻的人们都会齐聚在古茶王树周围，举行隆重而盛大的祭茶祖仪式。首先由当地拉祜族莫巴（专管祭祀的人）

1 采春茶

2 2009 年 4 月 9 日，邦崴村举行祭邦崴茶王奠基仪式

带着大家在古茶树下进行祭拜茶王树的仪式，虔诚祝愿茶树王健康、茂盛，祈祷它能为当地百姓带来更多的吉祥幸福。他们说："生活就像采茶一样，不采不发，采一片发十片，越采越兴旺。"祭茶祖，是对生活的祈愿和祝福，是对美好生活绵绵不绝的希冀和热爱。

生活在大山深处的人们，用火一样的情怀，为我们展示了远离喧嚣的高山秘境，为我们揭示了茶叶的奥秘以及茶人的传承和崇拜。是茶，点燃了山里人火红的生活，现在，山里的人们同样又把这样的生活奉献给所有爱茶之人。

每一颗种子都代表着一种希望、一份祝福。面对这棵伫立千年的古茶王，每个人都会思绪万千，千言万语竟无从说起，唯一能做的，只有瞻仰她、顶礼她、膜拜她罢了。这一茎茶、一片叶，都是大自然的恩赐和祖先留给后人的宝贵财富，她历经千年的风霜而坚强不屈，激励着后代子孙不断前进、富强……

邦崴祭茶王仪式

茶树自然博物馆——景迈山

景迈古茶山的各个少数民族崇拜茶，茶已渗透到各民族日常生活的方方面面，茶不仅是饮品，还是食物、贡品。崇拜茶、崇拜土地及日月星辰构成了他们的信仰。其中暗含着以茶为中心的生存密码，与自然天人合一的生存智慧。

景迈芒景千年万亩古茶林，是一千多年前由巴朗人（布朗族）的祖先开辟种植的云南大叶种茶，是目前世界上保存最完好的人工栽培型的规模最大、年代最长的古茶山，被国内外茶学专家形象地称为“活着的茶树自然博物馆”。至今，那历经沧桑岁月的古茶树仍生机盎然、枝繁叶茂，充满着绿色的生命力，老树新芽，品质超群，令人叫绝称奇。

古茶林的开辟种植，使澜沧江流域云南大叶种茶最终演绎出走出中国、走向世界的辉煌，成为集历史、茶文化、民族精神和保健饮品于一身的普洱茶。同时，景迈芒景古茶林被完整保存下来，又充分证明了澜沧江中下游流域是早期茶树起源和人类发现、利用茶叶的中心地带之说。这个观点形成了古代边地巴朗人与其他早期人类共同利用茶叶这一同源植物的典范。其悠久的历史价值、厚重的文化内涵、博大的

民族精神、优良的品质和巨大的经济价值都是无与伦比的。

据缅甸木埂巴朗人聚居区的傣文史志记载，古茶山最早开发可追溯到1800多年前。主要由景迈、芒景两个行政村十几个布朗族、傣族村寨组成。茶园面积约2.8万亩，是人工种植千年古茶的经典杰作，堪称世界之最。

清晨，布谷鸟的鸣叫声唤醒了古老的茶山，眺望远处的山寨村落，南朗河上空的云雾缥缥缈缈，山峰和森林若隐若现，红日缓缓升上雾与天之间，放射出七彩的光芒，这美好的天地合一的自然景象，仿佛为古茶山增添了新的生命内涵。

在古茶林间，呼吸着带有千年古茶清香的新鲜空气，看着原始森林中千姿百态的古茶树，伸张着茂盛的枝叶，依然风姿绰约地摆着各种姿势。古茶树的枝头，绽放着朵朵清新美丽的茶花，与参天的千年古树交错丛生、融为一体，让人仿佛置身于一个梦幻般的神话世界里。值得一提的是这里的古茶树从不施肥，也不喷洒农药，众多的虫鸟在林中自然繁殖，由食物链自然调节生态平衡，使古茶林始终保持着纯天然的绿色生态环境。

漫步古茶林中，仿佛置身于绿色植物世界的怀抱，聆听着百鸟啼鸣，感受着人与自然的和谐相融，深深呼吸着那似乎被树叶过滤得非常纯净、透明的空气，使人身临一种前所未有的深幽秘境。这么美妙的境界是天地日月星辰造化的“世外桃源”。置身此景，无不惊叹巴朗人的智慧和创造力，他们远在一千多年前就认识了茶叶的用途，并把野生茶驯化，实施了规模化的人工种植，成为目前世界上

古老茶园见朝晖

罕见的千年万亩古茶林。这不能不说是我国古代巴朗民族对中国乃至世界茶文化做出的一大贡献，也是普洱茶文化中的瑰宝、中华民族精神的象征。

更有趣的是这里的古茶树一山连着一山，山山相连，漫山遍野的古茶树一眼望不到尽头。由于生长年代久远，这里的一些原始大树需十几个人才能合抱，高达四五十米，就像是天空中撑起的绿色巨伞。而古树林中的老茶树，虽然说不上高大，却饱经风霜、奇形怪状，仿佛在诉说着一段又一段深埋在历史岁月中的故事，让千年之后的人们，对布朗族以及他们的祖先所开创的澜沧江流域古老的茶文化以及厚重的历史内涵有了更加清晰的认识。

❶ 傣文碑文

❷ 古茶树上的衍生物——螃蟹脚

❸ 景迈山宣言

在景迈芒景古老的茶树上，还有一样稀世珍品鲜为人知，这就是生长在古茶树上的精灵——螃蟹脚。因其形状酷似螃蟹的脚爪，故名“螃蟹脚”。据说，螃蟹脚长年生长在景迈山的千年古茶树上，吸取古茶树和天地之精华，产量极为稀少，是古茶中最为精华的部分，被称为“茶茸”。螃蟹脚性凉，具有较好的清热解毒、健胃消食、预防血管硬化、延年益寿等功效。此外，还能整合茶的品质，让茶味更饱满、更柔滑、更香甜，大大提升了普洱茶的口感。

景邁山宣言

今天我們捧著景邁和芒景的泥土植物和影子站在這裏 我們想讓人們聽到來自大地深處的聲音 當自然被工業化破碎 大地的呼吸被水泥柏油燈塔窒息 星光在哪裏 蛙聲在哪裏 泉流的源頭又在哪裏淹沒 有了這一切人的日子在哪裏 我們的景邁和芒景 白色的雲霧飄蕩在茶園 我們的房屋在風中 送來芳茶的韻味 仿佛還能聽得見老祖母輕聲的歎息 大樹的靈息庇蔭著我們一代又一代的日子 庇蔭著小鳥麂子和牛馬的日子 千年的茶園裏有祖先汗水浸潤過的泥土 每一片茶葉裏都有他們溫熱的呼吸 遠處的象水從深山裏出來 森林土地 天空中飄蕩著人類的寧靜與溫情 我們把這一切視為聖潔 感謝大地母親的賜與 人們說這是小小的最後的一片綠色 這也是古老中國的茶樹的源頭 貪婪自大和短視蒙蔽了人的雙眼和智慧 大地母親養育了我們 我們怎能去掠奪和征服自己的母親 呼喚我們是大地之子 景邁山之子 我們宣誓 作為現代人 在改善人類生活品質的同時 決不能對自然界過度索取 我們要爭取在保護和尊重各民族傳統特色的生活方式 建築風貌 保護景邁山每一棵參天的大樹 每一塊古老的茶園 每一縷陽光 每一寸土地 每一滴泉水 以過景邁山的風 聽見了讓上蒼和大地作證 讓景邁和芒景的一切生靈作證

二〇〇七年十月 [illegible]

历史上，景迈山的古茶完全依靠牛背马驮，经茶马古道源源不断运出大山，一部分作为普洱茶的原料过澜沧江古渡，进入普洱府中转西域或上贡朝廷，另一部分则从产地直接出境销往缅甸、泰国等东南亚国家，具有较高的声誉。景迈山的古茶自古就有优良的口感品质，在中国内地和港台以及东南亚等地十分畅销。据说是因为采茶时无意中带进了螃蟹脚，外地茶商和饮茶者只要看到茶中掺有螃蟹脚，就知道这是景迈茶山来的正宗货。因此，螃蟹脚成了景迈山古茶外销的知名标志，名声大，销路广。至今，在澜沧江两岸的茶马古道沿途，还流传着一首当年赶马人走茶马古道时传唱的民谣：“布谷叫来三月三，赶起骡马上茶山（景迈）。粗茶细茶上一驮，别让小马空回鞍……”这首民谣道出了景迈茶山当时茶叶交易兴旺繁荣的景象。

是夜，月明星稀，端坐在布朗人家那永不熄灭的火塘边，俯首聆听老人们讲述关于祖先和古茶的传奇故事。传说一千多年前，巴朗人和阿佤人原本是一个部落，后来走散了，哎冷是部落的老大，他带领一队人马来到今天的芒景山安身立命。后来，英勇善战、足智多谋的哎冷遭外族谋害致死，但他十分牵挂他的同胞，死后化作

一只夜鸟降落在芒景后山，托梦给生前族人的管家，说：“我给你们留下牛马，怕遇到灾难死掉；给你们留下金银财宝，也担心你们吃光用完，还是给你们留下茶树吧，让子孙后代取之不完、用之不尽！”从此以后，这里就有了漫山遍野的茶树，并世代开垦扩种，形成了今天的千年万亩古茶山。

从许许多多老人、老屋、老茶的故事里，我们知道了是哎冷带领布朗族同胞最早来到这里建设了家园、种植了古茶。可以说，这里的每一棵古老的茶树和参天的古木，无不渗透着大山和布朗人的血液。祖先们栽种了古茶，古茶滋养了她的后人。生活在这片土地上的布朗族人和傣家人依托大山和古茶树世世代代繁衍生息，千年未变。

如今，景迈山的茶、人、树、林已融入了澜沧古茶生命中的魂，滋养着她不断成长，而国家首次以茶之名为景迈山申报世界文化遗产，并于 2013 年获得了申报世界文化遗产的“入场券”，让这份生命脉络以更加鲜活的方式得以传承。古茶山人有义务也有责任，把对景迈山的认知和爱一代又一代延续下去，以虔诚、执着和更多出色的茶产品，继续诠释这片古老圣地永不落幕的辉煌！

❶ 2009 年普洱茶节闭幕式

❷ 支持普洱景迈山古茶林申遗签名活动

❶ 景迈山古茶林

❷ 千年古柏树

葫芦里的绿色山歌

千亩速生丰产茶园，远观，但见丝丝线条分行数，苍苍巨蟒任舞姿；近看，万片鲜叶争春色，千枝嫩杈共婆娑。置身满山绿色的茶园里，犹如沐浴在天地酿就的绿韵诗海间，让你感受一番山野的清新惬意，享受一回绿色的氧吧盛宴。

澜沧是普洱茶的故乡，是千年万亩古茶林的圣地，是“天赐普洱，世界茶源”之茶的主要产地之一。20 世纪 90 年代初，思茅地区（今普洱市）有茶 40 多万亩，澜沧便有 10 余万亩。仅至 2013 年底，澜沧县便发展到拥有现代茶园 32.9 万亩，栽培型古茶园 2.8 万亩，野生茶树群落 11.8 万亩，总计有茶园近 50 万亩。几乎就是全县 50 万人口人均拥有 1 亩茶。茶是澜沧县的主要经济支柱产业之一，茶是澜沧拉祜人民的情愫与爱恋，茶是澜沧县 50 万各族儿女心底里荡起的绿色山歌。

富邦乡是澜沧县“普洱茶”的主要生产地之一。该乡 20 世纪 80 年代试种的高海拔冷凉山区密植速生丰产茶园示范地在富永村。而近年来，佧朗村开发的“公司 + 基地 + 农户”的绿色生态链模式，以其独特的管理模式显现出良好的发展

前景。这千亩密植速生丰产茶园，远观，但见丝丝线条分行数，苍苍巨蟒任舞姿；近看，万片鲜叶争春色，千枝嫩杈共婆娑，仿佛不是茶园、茶山，而是巧夺天工、浓涂绘抹的巨幅山水画。佧朗村的建梅茶厂以“公司+基地+农户”模式开发的绿色生态链发展示范基地，既有茶厂又有养牛场。茶厂与养牛场紧紧相邻，形成千亩茶山系茶厂开绿、百亩草山围牛场泛青的壮观景致。茶、咖啡、草山的绿色发展，促进了家禽牲畜的养殖，家禽牲畜的粪便化成有机肥，又促进了茶园、咖啡、草山的绿色生长。循环反复，形成了天然绿色生态链，演绎出天地和谐、人与自然和谐的极美乐章。每到春天，在这满地绿浪满地情、满山茶园满山歌的座座高山上，人们就会看到蓝天白云下，一个个如音符般跳动的采茶姑娘们美丽的倩影。在这高山茶园里，空气渗透着绿茶的缕缕清香，大地呈现出茶山的温润湿气。置身满山绿色的茶园里，犹如沐浴在天地酿就的绿韵诗海间，让你深深感受一番山野的清新惬意，尽情享受一回绿色

的氧吧盛宴。

富邦人民爱茶，他们把茶当作自己的依托和希望。早在20世纪60年代初，富邦拉祜族村民就开始重视茶园的发展种植了，但当时采取的是用木棍打洞种植的落后方式，计算面积以种苗1000株为一亩，直至1980年，全乡种植面积尚不足4000亩。此后，开始大规模开挖种植，至1993年，面积已达11398亩，产量43.2万公斤，收入283.4万元。再至2013年，发展到34598亩，产量1319吨，实现产值1847万元。近年来，佧朗村的建梅茶厂以“公司+基地+农户”的开发模式，建成精制茶加工总厂一个，年加工精品茶

❶ 富邦景色

❷ 立体生态茶园

❶ 茶乡情
❷ 富邦乡茶园
❸ 拉祜采茶女

600吨。生产有“碧螺春”“毛峰”“芦笙恋歌普洱茶”等品牌。有茶园基地6322亩，部分茶基地在酒井乡，参与管理农户1234户。2013年采摘鲜叶1900吨，产值1200万元，茶农户均增收6000余元。初制所7个，有茶厂职工76人。此外，种植咖啡2900亩，并已建成加工厂、种植供牛食用的青饲料黄草1000余亩、三七90亩、养鸡6万余只。2013年，种植业、养殖业总产值达2100万元，实现利税600多万元，解决社会就业人员160余人。

你若有幸能来到富邦观赏这万亩茶山美景的话，哪怕是霏霏细雨下个不停，丝丝雾纱把整个山野酿成朦朦胧胧梦幻般的初秋，你都会被山坡上身着红色、紫色、蓝色裙子的姑娘的山歌所深深打动：“八月采茶八月间，谷花茶美赶嫩鲜；十指尖尖采几片，片片采着妹的心……”

富邦茶山不仅天蓝、山美、茶香，拉祜族村民的民风民俗和生态美更吸引人。

佧朗村邦朵组的这支青年文艺队，只要有远方的客人想一睹拉祜歌舞的风采，他们就会热情洋溢地用芦笙演奏出他们的心声，用民族服饰、民族舞蹈演绎出他们的快乐。

我们山里人呀，日子多快乐。春天一起搞生产，秋天共同来收获。都是姐妹一家亲，不分你和我……

❶ 托起希望

❷ 丰年欢歌

拉祜族的芦笙曲，时而深沉伤感，时而清悠欢快。深沉伤感时，似乎在向人们诉说拉祜先祖们千年迁徙的艰难。清悠欢快时，又似乎在向宾客们表达他们对今天幸福生活的热爱与对未来美好生活的向往。看罢这些茶山、茶园，你或许会感慨你所了解的澜沧绿色产业只不过是万绿丛中的一片绿叶而已，那更多更美的绿色韵海尚待自己去遨游、去感受。有道是：“一粒沙里看世界，半花瓣上说人情。”通过她，便可以去感受、理解澜沧茶园、甘蔗、咖啡等绿色产业的开发全貌，去感受、理解澜沧 50 万各族儿女的创业心声，从而也就更能深深地感受和理解这拉祜儿女芦笙里奏出的悠扬动听的山歌。

愿这绿色音符谱缀成的葫芦里的山歌，伴着时代的交响乐，伴着未来多姿多彩的岁月，将更感人肺腑、荡气回肠、久久远扬……

寻找野生茶树群落

澜沧有很多野生茶树，且分布广、面积大。其中数帕令黑山野生茶树群落面积最大、古茶树最多，其分布地跨酒井、糯扎渡、谦迈一带。一次探秘式的实地考察，了却了心中的那份夙愿……

早在几年前，就有人对帕令黑山野生茶树群落进行了实地考察。帕令黑山，位于澜沧县发展河与酒井两乡的看马山交界地带，其山顶最高处海拔为2360米，气候潮湿阴冷，相对湿度大，植被生长丰富，保存非常完好。

深冬的早晨，晨曦微现，雾霭还未散尽，考察组一行八人在两位向导的带领下，从发展河乡政府驻地出发。向导说要走五六个小时的路程，有人不禁倒吸了几口凉气，却也暗暗为自己加了把劲，既然来了，再远的路途也要坚持走完。

先乘手扶拖拉机抵达林排坡村后山，然后徒步登山前行。山路很陡，第一站目标是酒房坡后山。酒房坡后山位于帕令黑山东下角，海拔2029米。两个小时的陡坡路爬完后，到达酒房坡后山，走完了向帕令黑山行进的第一程。大家坐在草坪上歇息，虽然个个累得气喘吁吁、汗流满面，可心里都有一个探秘野生古茶树的目

1 野茶树生长的原始森林

2 野茶树

标，流再多的汗水也值得。这时，眺望远方连绵起伏的群山，有豪情万种从心底涌起，大自然的风光如此娇美，忍不住开始搬弄相机，把这壮丽风光定格在镜头里。

越过酒房坡后山，考察组继续向帕令黑山主峰进发。越往上走，森林越茂密，成林成片的野生茶树已出现，但不是很大。穿梭于茂密的林海间，踩着松软潮湿的地面，呼吸着这清新润湿的空气，倍感精神抖擞。进入帕令黑山主峰后，阳光渐渐变得微弱起来，从树木的缝隙间望去，似一幅独具匠心的工笔画，令人领略到一种无限的深邃和洁净。下午2点多钟，终于到达主峰一侧，在一个比较避风的山坳里停了下来，这里到处可以看到一片连着一片的野生茶树。考察组决定在此地宿营。

安营扎寨后，向导带领随行人员在原始森林里寻找野生老茶树。在考察中，拍摄了大量的各种形状的植物以及一些与野生茶树生存环境相关的图片。在一个凹地的浅水塘边，还发现了野牛和野猪的脚印。据向导介绍，在这片连绵数十千米的原始森林里生存着八条野黄牛，一条野水牛，野猪、黑熊、岩羊也把这里当作自己的家园。并了解到，营盘和发展河一带的老百姓在很久以前就有采摘、饮用野生茶叶的习惯。

天色渐晚，大家决定在2360米的帕令黑山原始森林里风餐露宿。在这偌大的原始森林里，虽然燃起了三堆大火塘，可不停的山风仍让大家冷得发抖。是夜，随手摘几叶野生茶含在嘴里咀嚼着，如洗的月光倾泻下来，透过高大的树枝静静地泼洒在我们身上，显得光怪陆离，勾起了人们遥远的回忆和遐想。

第二天清早，随行人员到附近的沼泽地取水洗脸，水冷得十指刺骨的疼痛。吃过早饭，甩掉昨日的疲劳，跟着向导去查看他们发现的两棵野生茶树。把找到的第一棵野生茶树

❶古茶溯源

❷帕令黑山野生古茶树群落

编号为帕令黑山1号野生茶树。位于帕令黑山东南部的深箐里，树上披满了藤蔓，树身高大标直，10米上下基本没有分枝。经测量，树高约26.75米，树身基部粗1.66米，在老茶树周围方圆几百米，生长着很多大小不一的野生茶树。其后，在帕令黑山东北部的半山坡上又发现了2号野生茶树，树高约14.62米，树身基部粗2.30米，曾多次被人砍枝、采摘过。现在见到的高度已是多次砍枝、后发出的新枝，周围野生茶树较之前少了些，整个山坡却生长着密密麻麻的野生刺竹林，随处还可见到各种药材、奇花异草，自然资源非常丰富。

返回乡驻地的第二天，尽管大家都已累得抬不起脚，全身像散了架似的，但仍然坚持着去另一个地点——大岔河头察看另一片野生茶树群落。

经过一夜暴雨洗刷过的青山显得更加妩媚、秀美。此时，天空放晴，考察组沿着乡村便道乘车到达一个叫大岔河的山谷，随后步行向野生茶树较多的大烂巴山进发。此行由十年前曾见过野生古茶树的营盘村村主任周启祥当向导。到达后，因坡陡林密、林海茫茫，几个小时过去了，只发现成林成片、分布广泛的野生茶树群落，却找不到周启祥曾经见过的老茶树。后来又经几番艰辛，在密林中翻山越岭、耐心寻找，功夫不负有心人，终于在一个遮天蔽日的大陡坡上找到了帕令黑山3号野生茶树。大家都很激动，禁不住欢呼雀跃起来，忘却了沿途跋涉的艰辛。

帕令黑山3号野生茶树，经测量，其树高为16.60米，基部粗2.61米，整棵树显得葱茏茂盛，叶子墨绿宽厚，最大的叶片长18厘米宽12厘米，给人一种极富生命力之感，遗憾的是老茶树也曾多次被人砍枝、采摘过，我们看到的已不是它的自然生长高度。

虽说对野生茶树群落的考察算不上细致，但是从一些关于澜沧野生茶树的资料中获知，澜沧县境内野生茶树分布广泛、数量很多。除发展河乡帕令黑山之外，雅口的冲墙房后山，南岭的麻力南美河山心，密巴谷山，安康的南栅山心，富邦的多依林后山，竹塘的马鹿塘、哈虎吗，木戛的哈卜吗后山，东河的王佛爷山心、肖塘、团山，富东的弯河山心，雪林的芒登后山，拉巴的音同山等地都生长着大量的野生茶树，遍布整个县境，而且均属澜沧江流域。

澜沧江流域，无论是从气候环境、海拔高度，还是温度湿度、降雨量等条件，都是茶树生长的最佳环境。从现在得知的大规模的野生茶树群落分布状况，以及邦崴过渡型千年古茶树的移植和景迈山千年万亩古茶园的驯化种植来看，说澜沧江流域是世界茶树的原生地是有重要依据的。这是澜沧江流域茶文化的一大奇观，它不仅是澜沧的财富，同时也是中国和世界茶文化的宝贵遗产。

第四章
澜沧江畔的画卷

踏上澜沧这块充满神奇和诱惑的土地，不经意间，你会感受到人与自然和谐共处的绝佳胜境，感受到浓浓的乡情乡味和大自然无私的馈赠，领略到澜沧江的坦荡胸襟，触摸到拉祜山乡的片片热土……

山水扎渡情

被誉为“东方多瑙河”的澜沧江，以百折不挠的气概，一泻千里，一路欢歌，从澜沧境内流过，注入浩瀚的南海。在澜沧江中游，山环水抱，山不是出奇的高，却交错重叠，大江像一条彩带蜿蜒辗转，流淌于这片绿岭之间。居住在这里的各兄弟民族世代繁衍生息、和睦相处，共同创造着澜沧江流域古老的历史和璀璨的文明，这就是滇西南开放桥头堡前沿窗口的热土——糯扎渡镇。

糯扎渡是拉祜语，意思是勇敢的拉祜人渡江的地方。据传，在18世纪，一支拉祜族农民起义军曾经从今天的景谷县牛肩山一路西迁，横渡澜沧江，在雅口一带定居下来，并把他们渡江的地方取名糯扎渡。糯扎渡因历史上曾是内地通往边疆地区的交通要道而远近闻名。而今，糯扎渡大型水电站的建成，以及传统的民族文化和丰富的自然资源，让其成为耐人寻味的边疆宝地。

云上仙顶

一段尘封的历史，往往会勾起人们对往事的追忆。在澜沧县东部的糯扎渡镇仙顶云大山脚下，近一个世纪前，生活在澜沧一带的拉祜族最后一次农民武装起义，就在这座山上酝酿、组织、集结，继而展开武装抗争。尽管斗争最后以失败而告终，但这山却历久弥新，更加远近闻名，并被赋予了极其深厚的历史底蕴。

山不在高，有仙则名。传说在仙顶云这座大山上，曾经住过仙人，而山顶始终飘着一朵白云，故名仙顶云。可以考证的是民国初年，拉祜族已没落无势的土司后代李龙、李虎发动农民起义时，在这座山上留下了遗迹，使之更加闻名。在前往仙顶云的路上，得经过一个叫“指路碑”的地方，那可是过去南来北往的马帮和路人，为防止在这深山老林中迷失而专门立下的方向石碑。都说“自古华山一条路”，其实，在攀登仙顶云顶峰的路上，左右两边都是悬崖峭壁、万丈深渊，只有唯一的一条通道。方圆二十多公里的仙顶云，长年云雾缭绕，进入林密谷深的山间小道，虽然空气非常清新，却会感到非常吃力。陡峭的山崖，险要的地势，可以感受到当年起义军选择这易守难攻的仙顶云作为大本营的特别用心。

行走在山间，最引人注意的当数半山腰上的映山红，尽

被当地人形象地称为“三兄弟”的仙顶云山、仙火山和仙人脚山

❶ 李芝隆是拉祜族起义首领李龙、李虎的爷爷。清朝光绪年间被清朝政府册封为大雅口土都司，辖今澜沧糯扎渡、谦迈、发展河、新城、酒井、东朗、勐朗、东回等地区，是当时澜沧最大的土都司。他的四个儿子分别任土司或梁目，管辖今芒蚌、新营盘、吉座（今发展河、谦迈）、仙顶云一带的地盘。民国时期，先后属第三区、新雅口。2010 年，李芝龙墓被发现，但墓葬已经被盗，残存有石碑、石雕、棺木等

❷ 神奇的一碗水

管不是花开的时节，但连片的细叶植株，也是一道独特的风景，毕竟在澜沧县域内一座山上映山红分布如此多的山岭是不多见的。越往上走，思茅松、曼栗树、西南桦和许多叫不出名的树种形成了针阔共生的混交林，林荫下一排排、一座座用石块垒起来的古战壕、古城门以及指挥台依稀可辨。行进在其间，仿佛能听见 1918 年春，李龙、李虎领导下的一场场起义震耳欲聋的厮杀声。

山有多高，水有多高。继续往上攀爬，就是传说中的“一碗水”所在地。据说，这碗水天干不涸、雨天不溢，似乎就是一个专门给行者歇脚解渴的好地方。“一碗水”位于半山腰的山洼处，有两小口一米见方，二十厘米左右深的小井，常年有滴水流出，水质清澈甘洌。一般游人爬了一个多小时的大坡后，正是口渴难耐的时刻，一碗水正好处于仙顶云大山的上半部分，恰似天上来水。故善良的老乡们又赋予了它神奇的传说，当地的村民们也会在不同的时节相约到“一碗水”处烧香祷告，祈求平安幸福、多子多福。而游人因为得到了短暂的歇息，又或是“一碗水”的奇异效果，之后在林中穿行就没有那么累，约莫半个小时就可到达仙顶云顶峰。

置身于海拔 1800 多米的仙顶云山最高峰，周边还依稀可见当年农民起义留下的痕迹。据《澜沧拉祜族自治县志》记载：民国七年（1918 年），世居在澜沧的拉祜族农民为反抗官府的苛捐杂税和民族压迫，在李龙、李虎

李芝隆之孙女廷珍为其母撰写的碑文。该碑刻铭文详细记录了大雅口土都司李芝隆及女婿的传奇经历和澜沧当时的几个大事件。该碑刻是澜沧县文物考古的一个重大发现，它填补了澜沧史料中关于拉祜族近代史的空白。碑刻行文流畅、字体遒劲，具有很高的文物、艺术和史料价值

的率领下，发动了以拉祜族为主，并联合哈尼、傣、彝等民族参加的农民武装起义斗争。斗争以仙顶云、佛房为首，波及县内除上允、文东以外的大部分地区，先后围攻了雅口、新营盘和芒蚌土司署及谦糯县城，起义震动了朝野。同年3月，普防殖边统领派出的普防第三营管带马建钢率兵赶到谦糯进行镇压，部分农民溃败，还有千余人则在李龙、李虎、李保的带领下退入帕令黑山一带继续坚持与官兵斗争。1920年，普防殖边统领马文仲亲自率兵到澜沧增援和督战，并调集县内各地土司兵联合围攻起义的农民队伍，李龙、李虎、李保被俘并被杀害。营盘即是当时起义军建筑的战斗据点，东北方向的战壕长60米、宽3米，西南方向的战壕长40米、宽1米，残存有夯筑四方墙基2层，长4.5米，宽3.5米，

高 0.7 米。

历史证明，为了反压迫、争自由，澜沧一些民族上层人士曾组织了一次次的武装抗争，但由于没有先进组织的领导，斗争只留下了失败的教训，直到有了中国共产党的领导，澜沧地区的革命历史才翻开了崭新的一页。离开仙顶云，历史的记忆会渐渐淡去。在这座大山脚下的细允寨子，当地的拉祜族、彝族同胞们，每天都重复着日出而作、日落而息，春播希望、秋有收获的故事。已经习惯了平静、平淡、平凡的村民，始终会微笑着观望陌生的来人。与他们聊天无须猜忌，从他们陌生的眼神里让人看到了熟悉的质朴，这里仍然是一片尚未被旅游商业大潮淹没的纯粹土地。

秀色勐矿

车行至思澜公路的澜沧江大桥旁，循着唯一一条沿江而下的公路，行驶十余千米就到达勐矿。沿途黛绿色的江水、绿色的胶林、柚木和一股越来越闷湿的空气，会让有经验的客人明显地感受到进入了低海拔地区，是典型的热带雨林气候。直至 2008 年才通公路，海拔 610 米的勐矿村，是澜沧县海拔最低、气候最热、物产最丰富的地方，逐水而居、靠山建寨的傣族、彝族和拉祜族，在这美丽富饶的澜沧江畔生生不息，并在原始热带雨林的自然环境中传承着他们祖辈的生活习俗。

1 远眺仙人脚

2 仙顶云

生活在下勐矿的傣族信奉南传上座部佛教，很有意思的是，偌大一个傣族村寨却见不到一个沙弥和寺庙，但是，当地举办佛事活动却从来不缺少地方，就在寨子旁边摩崖临江 150 多米处山石多姿的岩壁上，有似用战刀刻成，正文能辨认出“中道总兵官万户达石八为……都布花领军二万剿八百……”等字样，落款为大元壬午（1282 年）十二日初八日书的崖字。石岩叫整控江摩崖，又称“都布花摩崖”“思茅元碑”。崖字是元代题崖史记，记载了一段历史夹缝中的悠悠往事，是元朝屯兵澜沧的见证，是百余年来虽有历史记载而未见实物的重要文物。尽管历史总是充满了缺憾，但勐矿一带山高林密却是真实的：似乎浩浩荡荡的元朝大军裹挟着猎猎旌旗、滚滚狼烟在南征，几乎无坚不摧、攻无不克。但在这里，令元世祖忽必烈望而兴叹的，除了难以逾越的古道绝险，瘴疠横行的密林幽径，还有头人和他 800 个“女秘书”精心设计的弩箭和陷阱，是历史上令元朝大军铩羽而归的

1282 年，元朝派大将都布花横渡澜沧江攻打缅甸八百媳妇国。都布花率领大军渡过澜沧江后，在下勐矿江边的整控渡口一块巨石上记载了都不花南征八百媳妇国的功绩，称“整控摩崖石刻”。目前，已被列入云南省文物保护单位

“八百媳妇国”故地，也或有不愿再战和伤残的兵士就地娶妻生子、繁衍后代。而今，当地傣家人把摩崖视为祖先的牌坊和做佛事的圣地，是祭祀活动的重要场所。

下勐矿是澜沧江畔一颗美丽的“绿宝石”、一个自然纯朴的傣家民居村落。这一片热带雨林，环境幽雅，林木苍翠，鸟语花香，人与自然是那样和谐地、完美无瑕地相处着。行走在村寨间，火红的凤凰花迎候在村头路旁，一朵朵红火带黄晕的花瓣，像一个个凤凰探出的头，而那一片片羽毛状的绿叶，分明是凤凰漂亮的翎毛。4 月中旬，花如火，太阳亦似火，当整个山寨被红色渲染的时候，泼水节也到了，小卜冒（小伙子）敲响了象脚鼓，小卜少们（少女）舞动着婀娜的身姿，勾勒出一幅轻歌曼舞的迷人风景。人群里，屈身盛水，躬身泼水；人影晃动，姿态各异，衣裙飘逸，呼声、水声、笑声响成一片，大家满脸笑盈盈地泼洒圣水，纳福吉祥……傣家人的生活是那样丰富多彩，演绎着别样的风貌人情。还有那典雅的竹楼、碧绿的江水、纷飞的晚霞、袅袅婷婷在江中沐浴的傣家小卜

❶ 梦幻仙景——勐矿
❷ 傣乡情韵

少，在波光粼粼的水面，与夕阳争辉，与水缠绵。

澜沧江的两岸是壮丽的、丰饶的。无论是山峰上、悬崖边，都密生着郁郁葱葱的亚热带森林。密林都被丛生的藤蔓攀附着、缠绕着，许多参天巨树身上都披满了各种各样的附生植物，从树顶一直垂挂到水面，江边、湖岸一群野象在悠闲地戏水、淘沙，丝毫不受附近驶过的机动船声音的影响。据当地村级监测员介绍：在勐矿一带生活的这群亚洲象，目前已经发展到 15 头，已列入《濒危野生动植物种国际贸易公约》中的濒危物种之一。在中国，唯一还有野象生存的只有云南的普洱、西双版纳和临沧三个州市。2009 年，普洱市林业局与 IFAW（国际爱护动物基金会）合作，成立了普洱亚洲象保护项目办公室，目的是在扩大亚洲象及其栖息保护宣传的同时，也能带动当地社区群众发展经济，抵御野生大象造成的损失，为保护亚洲象寻找出一个可行、有效的新方法。2015 年 5 月，亚洲象保护和安全防范交流活动在澜沧顺利举

穿行在西双版纳和普洱市热带雨林间的亚洲象

❶ 澜沧勐矿村——野象群

❷ 野象觅食

行，更是提升了当地群众对亚洲象的认识和安全防范意识。同时也加强了亚洲象的保护宣传工作，为建设人象和谐环境提供了坚实的基础。

村民还说，野生象貌似温柔，却性情凶猛，一般情况下它不会主动侵袭人类，不过要是它遭受到无端的侵犯，就会无比愤怒，一发性子，有时会拔起相当大的树干来威吓你。野象既懂得“报恩”，同时也会“记仇”、实施报复，甚至会使你招致不可测的灾祸。当然了，只要不主动招惹象群，和它们保持一定距离，就能相安无事。现在糯扎渡电站生态环境保护得非常好，大象来得越来越频繁了，村民也渐渐有了保护野生动物的意识，乐于和动物们和平相处了。

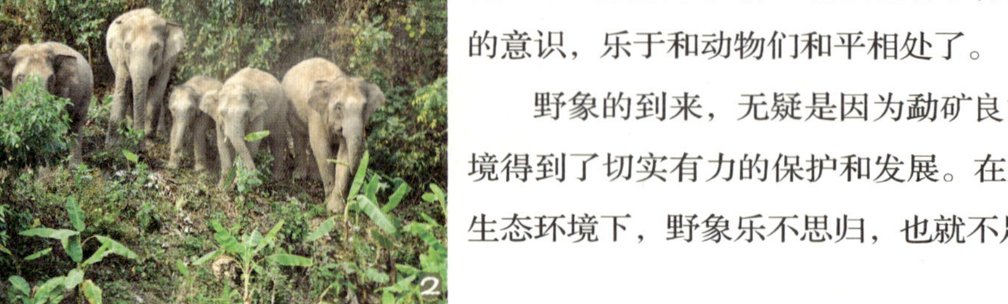

野象的到来，无疑是因为勐矿良好的生态环境得到了切实有力的保护和发展。在这样完备的生态环境下，野象乐不思归，也就不足为怪了。

江岸人家

被誉为“东方多瑙河”的澜沧江，以百折不挠的气概，一泻千里，一路欢歌，从澜沧境内流过，注入浩瀚的南海。千百年来，澜沧江成为人们不可逾越的障碍，“虎跳石”的传说成为千古绝唱。如今，飞桥架南北，天堑变通途，高峡出平湖的壮观景象使澜沧江不再涛声依旧。澜沧江港口、糯扎渡、景洪小白塔水电站的建成，正以另外一种豪迈的方式，以坦荡的胸襟、无私的情怀造福着两岸人民。

澜沧江畔，柏木箐寨子的早晨是忙碌的。一大早，早出晚归的渔民就会忙着处理刚从湖里捕上来的各种花鲢鱼、白条鱼、鲤鱼和罗非鱼，清理内脏后及时卖给收购商保鲜储藏，按斤给价，在家门口做工挣钱。在江边长大的村民说，现在

电站建成了，人员往来很多，他们早上帮忙加工鲜鱼，白天管管自家的橡胶地或者做做小生意，比起过去种田为生的时候，收入明显增加，日子过得舒心又有盼头。纵观江边的鱼市，尽管目前鲜鱼的价钱还不高，但由于糯扎渡库区建成不久，湖水清澈、无污染，所以鱼的品质属于上乘，外地收购商们都争相收购，把刚从江里捕获上来的鲜鱼用冰块进行冷冻、装车后，当天运往昆明、重庆等地销售。对于看惯了大山的我们，能够目睹这些江上捕鱼，岸边卖鱼、买鱼的场面，却是别有一番景致。

2004年糯扎渡水电站开始筹建，2011年初，国务院批准糯扎渡水电站提前两年蓄水发电。根据糯扎渡水电站建设征地及移民安置规划报告的核定，电站建设征地涉及澜沧县上允、富东、糯扎渡等8个乡（镇）28个村委会161个村民小组。水库淹没总面积112.11平方公里，最终确定出全县共规划为3大安置区14个移民安置点。由此，澜沧县举全县之力，拉开了史无前例的移民工程，广大移民舍小家、顾大局，上万各族儿女告别故土。正是移民们的贡献，换来了糯扎渡电站工程建设的如期进行，换来了“高原出平湖”梦想的实现。历史不会忘记他们，党和人民不会忘记他们，因为上万的移民不是简单的人员迁徙、家园变换，更是一个经济重组、社会重构的历程。

能源于水，有容乃大。已是浩瀚碧水、平静如镜的糯扎渡湖面，很容易就能找到驾驶时尚游艇的师傅们。他们有的种过田、打过鱼，有的采过砂、当过

货车司机，拥有智慧的他们，看好大坝建成后，库区两岸群众的往来、百姓的日常生活都还得依赖船舶，糯扎渡电站建成后形成的库区湖泊有利于渔业的发展，加上江边少数民族文化的吸引力，很可能带动旅游业的发展。他们抓住商机，用领到的征地补偿款购买了些水上消费品，做起了漂浮在黄金水道上的生意。现在，来柏木箐游玩的客人越来越多，当地婚丧嫁娶、人员往来等包租游船的也越来越多，一个月下来，移民靠客船运输，生意最好的一户大概有两万元左右的收入。除此之外，部分移民还建起了网箱渔场，从重庆引进鲶鱼进行试养，加上自家开发种植的橡胶、咖啡地，移民的收入在逐年增加，生活过得红红火火。

乘坐游艇沿江而上，两岸奇峰突兀，黛绿色的江水，倒映着岸边的青山，宛如进入山水云间的画廊，充满诗情画意，可以说处处有景、景景相连。而今，江面上的游艇已发展到二十多艘，各类铁壳小船更是穿梭其中，岸上人家的生活正随着游船的汽笛声悄然发生着变化。

❶ 糯扎渡电站

❷ 白木箐新渔民

落日熔金，霞映江天。澜沧江畔另一个犹如江浙一带的海滨度假村——农场，宛如羞涩的少女静静地守望在澜沧江畔。这里红砖青瓦、花红柳绿，一幢幢崭新的别墅式楼房林立而起，三十多户人家的彝家寨子，如同滨海画廊，一条条平坦的水泥路通到家家户户，宽敞的农家大院瓜果飘香、绿树成荫，干净整洁的寨子把宁静的山村与电站库区美丽的“高原平湖”辉

❶移民新居

❷岸上人家

映在了一起。几年前谁能想到这些靠山而居、依水而建的农村山寨变化会如此之快，如果不是穿上彝族服饰，那彩虹般的彝家姑娘白里透红的娇容，很难想象她们也是农家少女。时逢彝家大姐阿秀家秋收打谷子，姑娘们穿梭往来帮忙下厨、端茶送水，银铃般爽朗的笑声此起彼伏，这丰收的喜悦仿佛比过年还要热闹。阿秀说："这几年，靠着大电站建设和得天独厚的区位优势，老百姓的收入年年翻番，家里资产上百万元的人家也不稀罕，在别处农村常见的农用车，在这里几乎没有，很多人家都购买了相对更方便快捷的皮卡车和轿车，当地人把差不多一起成熟的玉米和稻谷，放在一天收割。这一天，相帮的人们都会开着皮卡车拉谷子和玉米，主人家得杀一头大肥猪招待来帮忙的亲戚朋友。这段时间家家轮番收割，也就天天杀猪庆丰收，和过去相比，现在天天都在过年。”如今，调整思路和产业结构的移民们，大力发展种植业、养殖业、渔业、旅游业和多种经营，收入已逐步增加，实现了顺利转型，他们有节奏、有规律的生活方式让深山不再寂静。

青山依旧，绿水长流。糯扎渡电站建设是云南省最大的水电站工程，也是澜沧县有史以来规模最大的移民工程。全县四万多各族儿女舍小家、顾大局，揣一把家乡土，怀一颗爱国心，远赴他乡或后靠安置，用勤劳的双手开创美好的新生活，换来了“高原出平湖”梦想的实现。今天的糯扎渡库区因这群可敬的人而更加美丽。

山之韵

在澜沧，竹塘的山，千岩竞秀；大山的山，丛山叠岭。在这片群山斗艳的秘境里，醇香的土酒让你的心灵瞬间释怀，乐而忘忧。站在山岭上一声呼喊，山谷绵延回响；山谷间飘来的阵阵乡音，让人咀嚼不完的还是那份浓浓的乡情乡味……

大山酒

在澜沧大山乡一带流传着这样一句佳话：“谦六的坛子，大山的酒。”顾名思义，集大自然之灵气，酿出点点甘露，金樽盛佳酿，土陶封醇香，山野村巷，处处飘着酒香。

大山乡山高水长、气候宜人，适合发展种植业、养殖业。虽不是人杰地灵之地，却不乏编织、酿酒、石匠等手工艺人才。因此，盛产的物品很多，如土酒、石磨、竹编等。当然，在这些众多的物品中名气最大、数量最多，最能代表地方特色的无疑是大山酒。酒，是大山的特产，是大山人的自豪和荣耀。曾几何时，澜沧一旦来了远方的客人，无论其从事什么职业，或参观访问，或调研检查，作为澜沧人，总是用大山酒来款待客人。大山酒因此名驰边地、誉享省外，一度攻城略县、上店入铺。

传统烤酒方式

大山酒无宗无派，其历史或许与当地乡土文化发展有关。就其酿制工序、酿制设备均很简单：将一坛（罐）数量为 20~23 公斤的优质干玉米煮透，一般以玉米有破皮为限，并将这煮透的被称为“酒饭”的玉米继续用锅焙干（蒸干水汽），后摊放在竹篾笆之类的器具上。待凉，掺拌上一定比例的酒药，酒药多用自己土制的，因特制的酒曲醇厚清香，也有用贵州、河南的。最后，再将这掺拌过酒药的“酒饭”放进坛（罐）子里，封紧其口让其发酵，封贮 15~20 天即可蒸烤。蒸烤时须用木甑、铜锅（降温锅），要勤换铜锅水，不能过热。过热，则酒味苦。正常情况，一坛（罐）酒饭约烤出 12~15 市斤酒，偶尔也能有 17~20 市斤的，过多则烈度降低。

烤出佳酿

美酒酿成了，淳朴的山里人给它取了个朴实的名字——土酒。其特中之特首先是喷香，无刺鼻感，随之散发醇香。品之，口感好，无涩味，生津回甜，醇厚。

辨别纯正大山酒之优劣或真假，可从嗅、观、品、感四方面着手。嗅：嗅酒之香味。打开酒塞或瓶盖，阵阵喷香就会扑鼻而来，无异味，便可初步断定为是纯正的大山酒。观：一观色泽。若酒色清黄透明，证明是好酒，但不能浓黄和浑浊不清。二观液态。将其舀进杯或碗里，又将其倒出后，杯和碗边上会有黏性的浆液滴流，

且既浓又慢。三观酒之烈度。将酒盛进透明的玻璃瓶内，稍晃动后，观其酒花，若酒花如米粒般小，消失慢者，烈度一般在 40~50 度。若酒花似玉米般大，且消失快，可断定烈度一般在 40 度以下。品：即品尝。品之无涩味、口感好，有津甜味便是好酒。感：是感受。即饮酒后在一定时间内的感受。纯正的大山酒就算当日饮过了量，也只是当日多有昏昏欲睡之感，次日绝无其他不适之感觉。掌握了嗅、观、品、感四种辨酒方法，你就会很快准确分清是否为纯正的大山酒了。

当然，在澜沧，美酒并非仅出于大山，只要是纯正的铜锅酒，大都可算在美酒之列。如，拉巴的南烈酒、富东的邦崴酒、谦六的龙潭酒、上允的坝老酒、竹塘的战马坡酒、南岭的小回掌酒、东河的拉巴酒、安康的糯波酒等等，无不是好酒、美酒，并美其名曰：澜沧茅台。不过，若没有特定的指标注明，对土酒文化没有研究的人是很难分辨出它们是出自哪乡、哪地的酒。若仅论香味，战马坡酒、小回掌酒、龙潭酒等与大山酒均有特殊香味，稍有不同的是战马坡酒缕缕透香，龙潭酒具有农家屋堂的土香并夹有红糖香，小回掌酒

则有香茅草味，而大山酒却是阵阵醇味喷香并有回甜生津之感。

有了醇香的土酒，正所谓“莫使金樽空对月”。山里的汉子，用粗实的大脚踩出了条条山道，用红肿的双肩扛起了收获的希望。只要歇下脚步，他们便会吆喝几个伴，端出家中的酒喝个痛快。侃农事，侃生活，侃新时代下的农村面貌。闲谈间不忘轻轻碰响酒杯，让甘露在热血里流淌。逢喜事，桌上必摆酒，酒过三巡，山歌唱起，歌声阵阵，余音绕梁。“人生得意须尽欢”，古人借酒吟诗，山里人借酒作对，虽然咏不出古人般的旷世佳句，但心里的那份愉悦想必不相伯仲。

酒是山里人的待客之礼，他乡你村的，你请我喝，我请你尝，不论走到哪里，山里人都会邀你小酌两杯。尝一口佳酿，让你忘了旅途的疲惫，喝一杯农家泉露，让你沉浸在浓浓的情意里。见面的热情，离别的话语，真诚的赞叹声、欢笑声，当地的口语土音伴随着酒香在山里弥漫。山里人通过酒传递彼此间的友谊，用酒塔桥，以歌会友，情融于酒，酒寄于情。

❶ 装满酒饭的酒坛

❷ 山里人随意的生活

大山油茶

这里的大山，专指大山乡。步入大山，映入眼帘的是一座座大山纵横交错，地势西高东低，各条河流向东汇集，流入澜沧江，给人一种空旷的立体型气候之感。独特的地貌结构，使海拔有较大差异。最高处达 2400 余米，低洼

成片的油茶林

处至 800 米。低海拔处有橡胶、咖啡、坚果，高海拔处有油茶、草果、核桃。

在海拔 1900 米以上的延绵群山中，生长着一种鲜为人知的有养生保健功能的植物——油茶树。

油茶，属山茶科类灌木，灰色的枝干，齿状的绿叶。这里特有的气候和土壤使得这些精灵在此安了家。山梁上、沟壑间都是它醉人、耀眼的碧绿。冬春季节，假如有幸来到这里，满山的油茶花长满枝头，雪白的花朵镶嵌了山冈，这里一团，那里一簇。在万亩的绿色中撒下那朵朵的白，白得耀眼，花香阵阵，引得蜂飞蝶舞，感觉极惬意。

七八月份，雨水普降大地，“雾锁山头山锁雾，天连水尾水连天”。古人的佳句在这山沟沟里得到最好的诠释。油茶树浸在水里、雾里。只要你驻足细看，一个个椭圆形的果子躲在绿叶里，像俏皮的孩子。十一二月份是采摘油茶果的季

❶ 硕果累累的油茶树

❷ 功效颇多的茶油

节，只要你有幸行车在路上，就会看到这里一堆、那里一群的人们在忙着采摘丰收的硕果。有时在路上偶遇背着背篓、挑着担子的人，那红润的果子溢满了竹筐。随意踏进农家，晒场上、院子里满是油茶果。乡亲们会让这些油茶果在阳光下暴晒几日，果壳裂了，便剥出里面的果籽。别小看这一个个果籽，经过压榨，从它身上提取的油价格不菲，且用途广，深受消费者的喜爱。因此，它有了“东方橄榄油”的美誉。

油茶，在澜沧的种植已有一定的历史。据《澜沧拉祜族自治县志》记载：大山等地的原始森林中，尚存在着大量野生的油茶树。1958 年，思茅林业局在大山区油榨房村创办国营大山油茶场。1974 年再次扩场，伐木开荒，人山人海，红旗飘扬。后来，思茅林业局出资将工人全部于 1983 年搬迁并入惠民茶场。虽然还是叫茶，其实，工人由起初种“油”变成了种饮料。原来所种植的油茶树在秋风冷雨中被砍伐，至 1990 年，保存较好的仅有 73 亩。

如今，随着生活质量的不断提高，人们吃腻了动物高胆固醇油脂，更害怕肮脏的地沟油。那个油茶的梦想，又从云雾中走出来，站在了我们的面前。据当地人介绍：现在大山油茶面积共恢复近五千亩，年产籽十余万公斤，由景谷邦海油茶业有限公司统一收购。全乡计划发展到一万亩，并创建现代化的茶油精加工厂，由本地直销到全国各地。油茶，这个被称之为“东方橄榄油”的舌尖美味，正含着纯真的面容傲然出世，以喜人的风姿走南闯北。

田坝咸菜

山里人过日子，看似平静悠闲，其实不然，从春夏到秋冬，他们都会遵循规律、准确把握节令，把一年的生活安排得稳稳当当。依山傍水、小桥流水的田坝寨子是澜沧县竹塘乡再普通不过的一个自然寨子，可普通中却深藏着不一般，声名远扬的澜沧土特产之一——竹塘咸菜，就出自这座山水环绕的田坝寨子。

进入青砖青瓦的寨子，白的萝卜，红的辣椒，绿的青菜，黄的豆腐，每户农家的房前屋后到处都披晾挂晒着要腌制咸菜的各种原料，俨然就是一幅独具匠心的画卷。随意走一圈，无论是到地里拔萝卜、背青菜的，还是在家里切菜、腌豆腐的老乡们，都会让你感觉到家家户户均在忙着腌制各类咸菜，整个山寨始终弥漫着一股淡淡的咸菜味道。腌制咸菜是田坝人最拿手的传统手工技艺，也是历久弥新的食物保存方式。过去山里人家过日子都比较紧巴，大凡没啥菜吃时，就得指望那一坛坛、一罐罐的咸菜。长此以往，腌

腌菜原料

❶ 别有风味的豆豉粑粑
❷ 诱人的霉豆腐
❸ 晒萝卜条——构成一幅独特的风景线

咸菜就成了山里人每年必须要做的一件大事。时至今日，咸菜特有的山村味道让人喜爱有加，并赋予了新的内涵。

能干的田坝男人、勤劳的田坝女人没有不会腌咸菜的，但春种秋收的活计他们一样也不会落下，特别是每到腊月农闲时，到处是田坝邻里乡亲腌制各类咸菜的繁忙身影。腌制咸菜各家有各家的秘诀、不同的手法以及保存方法，让腌制出来的咸菜味道不尽相同，甚至色泽、口感、留存的时间都会有区别。这些靠的是代代言传身教、口耳相传。阳志荣、李小双夫妇可算是田坝咸菜大户，据说，他们每年仅咸菜的毛收入就可达 12 万元左右。小双说，这些年，城里人吃惯了鲜肉、油炸食品，就想尝尝酸辣开胃的各种咸菜。这样一来，普通的农家特色菜，自然就摆到了城里人家的餐桌上，而且品种、销量都逐年递增。

在品类繁多的田坝咸菜排名中，还当数霉豆腐名气最大，不仅

腌制好的霉豆腐

开胃爽口、咸淡适中，而且味道独特。其原料主要以本地黄豆为主，经过浸泡、磨浆、制坯、培菌、晾晒、配料、装坛发酵精制而成，每一道程序都很有讲究。首先得把黄豆浸泡在水里，泡胀变软后，磨成豆浆，再滤去豆渣，煮开，这时候黄豆里的蛋白质团粒会被水簇拥着不停地运动，聚不到一块儿，形成了“胶体”溶液。要使“胶体”溶液变成豆腐，必须用石膏点卤，当然石膏多少决定着豆腐的老与嫩，皆视需求而定，正所谓卤水点豆腐——一物降一物。因此点多少卤水，全凭日积月累的经验效仿，它们能使分散的蛋白质团粒很快地聚集到一块儿，变成白嫩嫩的豆花。再用特制的器具挤压出水分，豆花就变成了豆腐。当然，做豆腐如同做人一样，讲究的是实实在在、本本分分，不掺假、不哄人，认真细心，这才能把豆腐做好。

田坝的山好，自然就会出好水。在晴朗的冬日，女人们会用山泉水反复漂洗青菜、萝卜，然后满院子地披挂晾晒，一直晒得青菜发蔫、萝卜条变软，这样腌制出来的各种咸菜，隔年而食还闻得到冬阳的味儿。本来就是一双会腌咸菜的行家巧手，再加上水好、菜好，季节拿捏得也准，腌出来的咸菜，哪能不好吃、不好看呢？ 如今，九十多户的田坝寨子，家家户户或多或少都有一些咸菜可卖，常年可供的有霉豆腐、萝卜条、腊腌菜、豆豉、苤菜根、洋姜、藠头等多种腌制品，有罐装、盒装、散装等。现在，整个寨子不但扩大了腌制规模，有的农户还创立了自己的品牌。一年下来，全寨子仅咸菜的销售收入就有近两百万元。这门传统的手工技艺着实给他们带来了实惠，腌咸菜买卖已经成了他们的主要产业和经济来源。其实，腌制咸菜，就是盐、辣椒等调料与各种蔬菜发生奇妙的

田坝咸菜市场前景看好

化学反应，是一种自然现象，而咸菜走出家门、走向广阔的市场，就应该是社会发展的必然结果了。

天道酬勤，凌晨 5 点半钟，不管晴天还是下雨，田坝的妇女们早已准备好要卖的咸菜，相拥着乘坐一辆微型车，怀揣一份美好的期盼往县城勐朗坝赶去。一小时后，她们的咸菜就会出现在县城热闹非凡的早市上。人流如织的集市，田坝姐妹浓重的乡音和通红的咸菜摊位分外耀眼，无论买多买少，她们都会用淳朴的、真诚的笑脸相迎，让人咀嚼不完这份浓浓的乡情乡味……

田坝人都会遵循这样一个不成文的规矩，每每一家人腌制完了一年所需的咸菜，就会摆上几桌，邀约平常相帮的亲朋好友、街坊邻居吃上一顿，图个热闹，就算是收官宴吧！看着满脸欢喜的田坝人，就不难发现腌咸菜也是他们真诚对待生活的一种态度，蕴藏的是一份责任，无须猜忌，只需来到他们中间走一走、看一看、听一听那遥远而现实的故事，闻一闻久违的咸菜飘香，自然就会有溢满乡情的浓浓思念。其间，不变的依然是咸菜亲情的味道、山村的味道，无论哪一种都是难以割舍的味道。

走访三县界

"一鸡鸣三县，一时串三县。"名不虚传。置身三县界凝神眺望，极目楚天舒，宛如一幅叫绝的天然画卷。如今，糯扎渡水电站建成后，三县界已经成为回忆和历史，可澜沧江依旧湖光山色、风景如画。

腊撒地处澜沧江畔，是谦六乡的一个行政村。沿江岸一线牵，大凹子、勐撒、农场、香竹林、石戴帽，隔河、隔箐、隔山包，相距都不远，紧紧相连，腊撒是中心点。以前，若要过江进入澜沧，沿江而下，有三个渡，即南北渡、腊撒渡、糯扎渡，用竹筏渡，或用猪槽船渡。江那边还有一条江，是景谷县威远江的下游，澜沧人叫小黑江，在腊撒渡与澜沧江汇合。腊撒以江为界，澜沧江这边是澜沧县，小黑江左岸是景谷县，右岸是思茅区，所以此处叫作"三县界"。

当春风送暖、丽日当空、蓝天白云时，从腊撒动身坐上竹筏，不用桨而用竹兜儿抓水前行，冒着急流沿澜沧江斜上，不用一刻钟就到了思茅区禄顺镇大扁堆地界，沿小黑江向上拖一程竹筏，再划过江去又到了景谷县半坡乡地

界，所用时间没有超过一小时。这“一鸡鸣三县”的地方，呈等腰三角形，“一时串三县”果然名不虚传。

小黑江水并不黑，而是绿丝丝的，清澈见底，两岸芭蕉、香蕉成林成片，一团团果实缀弯芭蕉树，主人无暇顾及，熟透了泛黄的果实有的被雀鸟啄食了。江边牧草青葱繁茂，牛羊安闲地吃着草，不时有几只八哥歇落在牛背上。三两个牧童在江边嬉戏，不时打着水漂儿较劲。在飘动的蓝天白云下，燕雀翻飞，野鸭鸣叫。小黑江两岸，峭壁悬崖，林深竹旺，是麂子、岩羊、猴群栖息的好地方。20 世纪 80 年代，澜沧江勐撒对岸景谷半坡地界的沙滩上，一头稀见的花麂子，每到雨季都会听见它叫，可它不轻易叫。下雨时，晚上它一叫，次日天放晴；天晴时它叫，次日便下

❶ 糯扎渡口

❷ 澜沧、景谷、思茅三县界

❸ 澜沧江记忆中的腊撒渡口

雨了，当地人说它是晴雨麂，天气预报一样准得很呢！几年后，它消失了。仙人掌高得出奇，奇出“肥明子”。当地老草医每年采“肥明子、猴结”做药引子，就在这一段。在阳光照射下，竹林和峭壁悬崖的幽静投影都被映入水底，江水墨绿墨绿的，显得深不可测，怪不得叫它“小黑江”。在斜阳下，小黑江忽闪忽闪地泛出银光，那是鱼儿游动穿梭闪现的粼光。在思茅区界澜沧江边一带更有一番景色，只见满山遍坡盛开的木棉花和白花，木棉花血红，白花雪白，在绿色的山光水色中争奇斗艳，煞是壮观。置身三县界凝目眺望，极目楚天舒，宛如一幅叫绝的天然油画。

在两江汇合处的沙滩上，堆积着五颜六色的奇形异石。有的被磨光了棱角，坚韧而圆滑，恰似盐杵石棒；有的像弥勒佛，似乎比人工打造的更标准、更透彻、更漂亮。尚不知经过了多少年在水流冲刷中石与石相撞击、摩擦才磨砺而成。

勐撒，坐落在澜沧江畔。与农场、腊撒、石戴帽相连。居住着傣、布朗、哈尼、彝、汉等民族，是江边几个富庶的村寨之一。海拔 1100 米，气候炎热，雨量充沛，土地肥沃，盛产稻谷、玉米。经济作物有芒果、香蕉、西瓜、咖啡，橡胶成林成片。与大凹子仙人脚相连的打滚山，有品位较高、储量丰富的铁矿。

勐撒有几个风景点。沿澜沧江大桥旁的码头逆水而上，虎跳石、石戴帽、三县界、仙人脚都是自然景观。这一带，据十几年前勘测，一旦糯扎渡电站建成，便成为水底世界了。

果不其然，到了 2012 年秋，三县界地段，随着糯扎渡大坝的截流，澜沧江这边的腊撒行政村、学校、十几个村寨、几百户人家，江对岸的大扁堆及景谷半坡临江岸小寨的一段，均已成为水底世界了。但见缓坡处，有两个村寨是

❶ 移民新村
❷ 游览观光

后靠的，一个是农场，一个是腊撒，其他外迁，均属移民，都建起了移民新村。一幢幢楼房拔地而起、整齐划一、错落有致，与原来的村寨大不一样。按俏皮话说，糠箩换米箩。移民新村有些人家旁，还见用篷布盖着十几万到二十多万元的小轿车哩！等拿到驾照再掀篷不迟，先让它歇着。

如今，在农场移民新村驻足处正在建一个湖边码头。码头后面不远处，建有一幢三层楼房的“望江楼幸福宾馆”，别致大方，还有一观景台，供游客瞭望、观景、拍照，实可谓有超前意识。登上观景台眺望，原三县界那一段，澜沧江、小黑江不见了，成为湖底暗流。两岸群山依旧，山，一山接着一山，山成隘口；水，一泓连着一泓，形成群岛。这一段湖面最为开阔，蓝天白云，碧水连天，须臾现五彩，好一派“高原出平湖”的湖光山色，如天境蓬莱。糯扎渡景观如画，引无数游客观光。

“高原出平湖”的壮观美景

寻找付腊神话

这里的山，这里的水，这里的知了，仿佛远离尘世喧嚣，又仿佛回到了远古时代。

无论男人、女人，困了、烦了、厌倦了喧嚣，就去阴阳泉沐浴。

从神奇的知了谷走出来，超凡空灵的自然似乎融化了每一个人。

付腊，原始美丽的处女地、知了的家园，天地日月造就了阴阳泉——神沐浴的地方。

当地土著人说，农历四月，知了谷的知了比天上的星星还要多，那里的山风和知了的歌唱还会告诉你：时光岁月已轮回。

走进这个自由的大山里，感受大地深处炙热流动的血液，聆听蓝天白云和森林私语，尽情地接受绿色自然的洗礼。

走进付腊

扶摇直上三千尺，眺望苍茫大地，澜沧江似一条洁白美丽的飘带伸向太阳出来的东方。在澜沧江中游偏南的千山万壑中，显现出一块原始的绿色，那就是付腊。

付腊，一个由原始山水和自然色彩组成的世界，一个有天然绿色氧吧之称的地方，一个能看到知了集会、唱歌的家园，一块充满传奇和神话的古老净土。

从县城沿 214 国道驱车到达景迈山旅游小镇惠民，离开国道往东北方向行驶十几千米，就进入了付腊。

付腊一词最早为傣语"贺纳"演变而来，为"田头上"的意思。现今为一个行政村，土地面积 96 平方公里，辖 5 个自然寨 12 个村民小组，主要以拉祜族、佤族为主，散居有彝、傣、哈尼等民族。各民族最早都是居住在知了谷周围的大山上，大山是付腊人最早的美丽家园，他们自称是大山的子孙。20 世纪 50 年代初期，居住在大山上的人们才陆续从山上搬到现今的付腊定居。

据一些上了年纪的老人说，当年的付腊完全被遮天蔽日的原始森林覆盖着，两三个人围抱的大树随处可见，是豹子、老虎、野牛、野猪、猴子和山珍野果、野菜等动植物的家园，每到黄昏时刻，一般人不敢贸然闯入其中。过去的人来付腊地域有"三怕"：一怕野兽伤人，二怕瘴气缠身，三怕土匪拦道抢劫。直到 20 世纪 70 年代初期，才有零零散散的八十多家住户来此定居，麂子穿寨而过，豹子咬死家畜的事时有发生。

在距离付腊约一公里的正下方小河边，曾有两个傣族寨子，后来都先后迁徙而去，现今只有残存的佛寺遗址和一眼泉水。据说，这眼泉水品质非常好，当地百姓称其为"蚌塘"（冷泉），与山上知了谷的"蚌塘"（温泉）对应，分别被称为"母蚌塘" 和"公蚌塘"。

❶ 付腊温泉

❷ 付腊景观

知了谷传说

知了谷是付腊大山中一块古老的自然宝地。

走进知了谷，古树参天，鸟语虫鸣，四季花开，香飘十里。当你聆听了土著老人讲述知了谷的传奇故事，并目睹知了谷的美丽时，你定会深深地为其陶醉，忘记尘世的喧嚣，仿佛步入陶渊明笔下的世外桃源。

知了谷坐于东北，朝向西南，坐落在青山绿水的怀抱中。整个原始森林自然保护区占地面积28300多亩，森林覆盖率达92%，海拔在1200至1600米之间。森林以栎类、西南桦、木荷、水冬瓜木、黄檀、红毛树等亚热带常绿阔叶原始森林为主，其间随生的有刺桐、野樱桃、白花羊蹄甲、云南红豆杉及中华白桫椤、苏铁及各种蕨类、兰花类等观赏植物，还有七叶一枝蒿、理肺散、回心草、石菖蒲、节骨草、龙胆草、白芨等野生药用植物和大红菌、奶浆菌、牛肝菌、木耳、白参等野生菌。另外还有野牛、野猪、马鹿、麂子、蟒蛇、穿山甲、大小灵猫、果子狸和众多的猴类，以及白鹇、孔雀、画眉、百灵鸟等。此外，这里还有丰富的可食用野菜、野果及山珍美味。可以说，这里是一块真正没有污染的动植物的家园。

每年农历四月，月亮圆缺的前后十几天，是知了谷最为热闹的季节，特别是月亮最圆的当夜，是知了盛会的高潮。这里的每一块土壤、每一棵树木都是知了表演歌舞的天然大舞台。成千成万的雌知了在雄性知了的序曲引导下亢奋高歌，那洪流一般的和声二重唱，有万马奔腾于草原、狂风暴雨席卷山野之势，犹如大海惊涛巨浪，一浪盖过一浪，从这个山谷传向更远的众多山谷，震撼着整个大山和森林。身临其境，恍惚觉得这不是蝉鸣，而是天上下凡的精灵，在以山风为伴，高歌演绎的“天地精灵自然交

知了谷的知了

响曲”。

关于知了的叫声，大山里还有一个颇凄凉的动人故事：在远古的时候，有一天，雨过天晴，祥云飘动，仙女七妹看见人间大地山清水秀、男耕女织、一派祥和，一座彩虹桥一头搭在天上，另一头搭在了知了谷瀑布。七妹自幼聪明伶俐、活泼好动，过去也听姐姐们讲了很多人间的美丽故事，可从来没有见过那么漂亮的彩虹桥。她想：我为何不去看看呢？于是，她偷偷地顺着彩虹桥来到知了谷瀑布下的阴阳泉，见两股清澈的冷热泉水哼着欢畅的小曲交融在一起，若隐若现的热气轻轻飘荡在绿色的山谷中，那景色、那感觉，是天地合一的自然绝世佳景，美丽诱人。七妹弯下腰用手试了试欢畅流动的泉水，是温热的，非常舒服，天生顽皮的性格驱使她无所顾忌地走进阴阳泉，畅快淋漓地梳洗了一番。沐浴完毕，便沿着瀑布流水寻找返回天上的彩虹桥，但急着赶路的太阳公公翻过了心寒山梁子，瀑布的飞流没有了太阳的光芒搭不了彩虹桥，七妹因此回不了天上，流落知了谷。后来，是知了谷一户家境贫寒又无儿无女的老夫妇收养了她。为此，七妹下决心不再回天上去，留在待自己亲如儿女的老夫妇身边，为他们养老送终。

有一年，知了谷遭受了百年不遇的大旱，除阴阳泉外所有的水源都已干枯，田地里农作物颗粒无收，人们只有靠山上的野菜、草根、树皮维持生命。七妹不忍年老体弱的爹娘被饿死，勇敢地去山外寻找粮食，可是当她找到粮食，回到家里，爹娘已被病魔和饥饿夺去了生命。七妹悲痛欲绝，扑在门前的大树上喊着爹娘，放声地痛哭。长久的哭声随风飘荡到三山五岭之外，博得了众姐妹的同情，她们纷纷汇集到知了谷陪伴七妹哭丧爹娘。那“爹……娘……爹……娘……哇哇哇……”的哭声凄楚悲切，深深地震撼着山野。

据说，直到现在一些家境贫寒或遭受过不幸打击的老人，每当

听到那满山遍野的知了悲鸣，也会望着远处的心寒山默默地伤心至极、潸然泪下。

阴阳泉留下付腊的神秘

神奇的阴阳泉

传说，阴阳泉是仙女七妹曾经沐浴过的地方。

知了谷共有三处温泉泉眼，坐落在知了谷正中央的阴阳泉（鸳鸯泉），是知了谷原始森林地表下白沙石中溢出的冷热泉水交融在一起的结果，水温在三四十摄氏度，非常适合人们自然沐浴。据当地的老人们讲，阴阳泉的水不但壮阳滋阴、平衡阴阳，而且还能滋润容颜，特别是对蚊虫叮咬和一些慢性疾病都具有非常神奇的疗效。当地人还说，每到知了出土的农历四五月间，寨子里的人都会邀约结伴去阴阳泉洗澡，而后坐在温泉中裸露的石头上，慢慢讲述着你家我家他家的家常事、过去事，还有那些不知流传了几千年、几百年，说了不知百回千回的老掉牙的典故、传说和一些上不沾天、下不着地的笑话。有时也会闭上眼睛静静地感受冷热泉水交合后升腾的雾气给人带来的那种温柔、湿润的感觉，凝神静听知了飞舞的神韵，那是一种有声和无声、天地与自然的阴阳相吻。

据专家检测：阴阳泉的水温最热处可达到 90 摄氏度，可直接煮熟鸡蛋、竹笋和各种食物。温泉水最大流量为 25.5 升 / 秒，属中国境内少有的含砷泉水。

此外，距离阴阳泉一百多米的地方还有一处高十几米的悬崖，一股清澈的溪流从天而降，洁白的流水伴随着一串串珍珠般的浪花飘然而下，每当

太阳升起，照射在飞舞的流水之上，美丽的彩虹就会显现，十分美丽壮观。

融入阴阳泉的怀抱，任由圣洁的流水和砂粒为你按摩，一种从未有过的温馨和舒畅油然而生，仿佛进入了神的世界、梦的天堂。这是天地日月与生灵的自然相融，一切思想和意识、恩与怨、情与仇，片刻间化作阴阳泉的流水，淡化在绿色的远方……

感受付腊温泉

森林的馈赠

大自然的馈赠从来不分亲疏和远近。淳朴的山里人得到了大自然的馈赠，他们用真情和期望守候着这片赖以生存的家园。一朵朵松树菌像极了一把把破土而出的小伞，在树丛间悄然展身露手。继而，一朵朵抬着灰黑色小伞的火把鸡枞也会悄然间与你相约。

飞播林里的精灵

澜沧山多、河多、树多、景多，环境优美，风光旖旎，美不胜收。生活在这里的乡亲们纯朴热情、善良厚道，他们依靠森林、敬畏大山，用真情和期望守候着这片赖以生存的家园。

澜沧县北部的东河乡有着八万多亩的茫茫林海，那是20世纪80年代中期，第一次用飞机播种的造林地，人们习惯称之为“飞播林”。二十多年过去了，昔日的荒山已变成了葱茏的绿洲。每每一到雨季，一大早，这里的村民就会进入松树林中，寻找一种精灵般的松树菌。据说，这种菌子只生长在当年飞机播种的松树林中，所以，当地人就因树而冠名，称之为“松树菌”。

沿着崎岖的山路，大家都会往“大红毛树”的方向走去，这棵上百年的老树，在当年还没有开始飞播造林时就枝繁叶茂，是这片荒山最高大的树，也承载了许多有一定年龄的村民儿时放牛、玩耍的记忆。而今，已被思茅松遮盖的大红毛树风光不再，但它仍然是当地老百姓心目中的神树。每到这里，在红毛树下，他们都会拿出随身携带的食品，虔诚地给它敬上，祈求能够护佑一家人平安幸福。

茫茫林海

因为东河乡山高坡陡、气候寒冷，立体型气候特点突出，属典型的高寒冷凉山区乡。因此，一直以来，这里的村民都主要靠种植茶叶、玉米等农作物维持生计。1986年和1988年，县内两次开展飞机播种造林，不仅有效促进了造林绿化和防治土地退化，也在一定范围内播出了财富。这些年来，每到雨季，飞播林区盛产的许多菌子，成了东河乡境内很多人家中一笔季节性的收入。对于山里长大的他们，知道哪座山坡

松树菌

上菌子多，如约而至的菌子也如同老朋友，去年在这里长了，一般今年还会长在老地方。一朵朵松树菌像极了一把把破土而出的小伞，不经意间在树丛间悄然展身露手。当地人都知道，松树菌尽管价钱不高，但是数量不少，如果进山走一趟，多少都能捡到一些，换回零花钱贴补家用是不成问题的。

山里人大概都知道什么季节长什么菌子，山上的菌子是不分你家我家的，就看谁先采到，越是人迹罕至的地方，会更辛苦，但是收获的菌子也才更多、更好。而且，大人一般凭借经验，孩子们则靠眼疾手快，灵巧的身体在山林中穿梭自如，所以，捡多捡少就全凭经验和运气。每一次，当发现菌子时，朴实善良的山民都会轻轻地扒开落叶，把睡得正香的各种菌宝宝小心地采摘下来，再小心地放到篮子里，就像是安放睡梦中的孩子一般。然后，再细心地盖上腐殖土和落叶，希望明年还能再见，这是山民们都

会自觉遵循的规矩。

林子大，什么菌子都会有，各种野生菌都被山民赋予了想象的色彩，大多是用形状和色泽命名，比如大红菌、奶浆菌、羊肝菌、扫把菌、青头菌、见手青、麻木鸡菌、老黄面瓜菌等等，一个个名字都包含着浓浓的乡情。这些原来在山民眼里的光头山，过去由于干旱缺水而种不成庄稼，就成为他们放牛、玩耍的地方，现在松树长起来了，山也变绿了，家乡感觉更自在了。所以，山民学会了保护森林、敬重森林，森林也将所有山珍馈赠给他们。每年 5 月至 10 月是野生菌的盛产期，东河乡过去的大片荒山现已经长成郁郁葱葱的林子。整个雨季下来，山民们从捡菌子中人均能够得到上千元的收入，捡菌子在这个季节里俨然成了他们生活的希望。据了解，全乡每年靠捡菌子可带来三百多万元的收入，采集野生菌已经成了东河乡村民的一项主要经济来源，这个飞播林里的精灵着实为东河山民谱写了财富的新乐章。

山林里的菌族上品

农历六月的雨，淅淅沥沥一直在下，远看近望，山峦暗黛、墨绿、青翠，有着浓烈的生命色彩，隐约中会传来阵阵的山林气息，这是一股只有这个季节才有的夹杂着林木和泥土气息的芬芳。

这个季节，生活在澜沧县城附近，佛房山脚下松山林寨子的僾尼人正是忙活的时节。凌晨 4 点多钟，尽管睡意正浓，勤劳的僾尼人就已经起床打点行装，准备好电筒、头灯、背篓、雨衣什么的，这是这半个月必须重复的活计，也是他们一年中收入颇丰的季节。很快，上山寻找野生菌的村民就骑着摩托车，还顺路捎上搭车的伙伴，一路向村庄背后的山林进发，寻找菌族中的上品，一种会扎堆儿生长的野生菌，当

❶ 破土而出
❷ 大红菌
❸ 奶浆菌

①野生菌
②黄皮鸡纵

地人叫火把鸡纵。持续的阴雨天，湿滑陡峭的山路，夜黑林密的晨曦，这些都难不倒经验丰富的山民。他们打着手电筒分头各自寻找，在林子中轻车熟路地穿行着，每一条线路的记忆都会藏在他们的心底，该走哪条路，该到哪一塘鸡纵窝看看，都自成章法，只不过鲜嫩的鸡纵朵儿，和枯枝落叶形似，颜色更相近，交错丛生得难以分辨，一不小心把鸡纵踩碎都有可能。因此，一旦找到鸡纵，山民便会轻轻地扒开落叶，用竹签或木棍小心地把根部刨出，一朵朵洁白的柄杆，头顶着小黑帽的鸡纵就算找到主人了。然后再用腐殖土和落叶盖上，不留下痕迹，明年的这个时候还能在这里和鸡纵再相会。乡亲说，寻找鸡纵还有个规则，就是发现鸡纵时只能悄悄地采集而不能欢呼，否则就会把“鸡纵娘娘”吓跑，以后它就不出了。仔细想想，这也是一种秘密所在，看似烟雨蒙蒙的山林，万籁俱寂，其实这个时节到处都有捡菌子的山民，只是尽量不暴露行踪、不透露信息，谁说不是一种办法。

靠山吃山，依托市场便可做生意。生活在这里的七十多户僾尼人，这些年靠山和靠市场的地理优势，依附森林植被的保护和城镇居民对野生食品的青睐，捡菌子、卖菌子，已成了村民的又一项收入来源。他们自豪地说：这几年鸡纵的价格特别好，一般的能卖百十元一公斤，像骨朵之类的可以卖到一百五六十元一公斤，还要赶早才买得到。一家人一年下来仅此项就能有五六千元的收入，捡得多的能卖一万多元。现在他们的收入来源比较多，寨子里很多人家都盖

起了楼房。可见，这大自然的馈赠给山民带来的实惠实属不菲。

万物生长都有规律，温度、湿度、空气和光照决定着雨季是菌类生长的旺季。当地人说，农历六月二十四、七月半这段时间是火把鸡㙡集中破土而出的时节，这段时间，村民们似乎和山林有个约会，凭借精准的记忆、敏锐的眼力、灵敏的嗅觉和吃苦耐劳的精神，加上说不准的运气，在树丛间悄然露首展身，一朵朵抬着灰黑色小伞的火把鸡㙡就会与你相约。要想不空手，就得有心，记住窝子和出土的时间，还要舍得睡眠。因为山野是大家的，口口相传，不少鸡㙡窝子你知我知，这就得比谁更有心、下手更快，还得看谁去得最是时候。否则，生长期一般三四天的鸡㙡，就会遗憾地和我们不见也散。

捡到鸡㙡还得赶早出售，7 点左右，满载而归的村民就会以最快的速度整理好鲜嫩肥美的鸡㙡，穿戴上装饰有银挂件、色彩斑斓的哈尼族传统服饰，带着喜悦一起涌向县城的集贸早市。买卖声、吆喝声此起彼伏的市场，还当数僾尼人卖鸡㙡的摊位最聚人气，成了颇具澜沧特色的民族风景线。地摊上的鸡㙡离开山林不过两三个小时，还带着泥土和山野的气息，那娇柔含羞的骨朵，看一看都是一种享受。淳朴的老乡们通过捡菌子、卖菌子，论斤两买卖、按质给价，把大地、森林的恩赐及时传递到餐桌前、舌尖上，实现了山林与人最快、最直接的对接，人与自然的和谐相融。

大自然的馈赠从来就不分亲疏和远近，每座森林都会诉说自己的精彩故事。在澜沧，与树林相依相伴的当地人，不仅学会了尊重和保护林子，更学会了用他们朴实、厚重的情感去守护这方青山绿水，收获着大自然给予的无私馈赠，收获着绿色生态的无限希望。

❶ 火把鸡㙡

❷ 满满的收获

❸ 林中珍品

野鸭湖

能工巧匠把一片湿漉漉的沼泽地装扮成风景如画的人工湖，真可谓是别具匠心。野鸭飞来了，扑棱扑棱扇着美丽的翅膀，掠起一圈圈清幽幽的涟漪。这一片湖水，似明镜，这一片世外桃源，如仙境般迷人，这是大自然对人类的恩赐。

十几年前的“野鸭湖”是一片湿漉漉的沼泽地，既不能种田种地，也不能植树造林，人和牲畜走在上面，随时都有陷下去的危险。那块湿地毫无用处，成了被人遗忘的角落，那时它还不叫野鸭湖。终于有一天，人们在一片沼泽湿地上筑起了一个人工湖，并在出水口安装了一台小水轮发电机，那时，人们就习惯地把那里叫作水轮泵。令人们想不到的是，他们这些不经意的举动，竟然起到了意料不到的效果，人工湖筑起来后，那里的水绿起来、山青起来、水草丰盛起来。有一天，这里竟然来了一位稀客——一只洁白美丽的野鸭来到这里，紧接着，两只、三只……野鸭竟然把这里当成了自己的家园。

1998 年秋天，东回乡（2013 年起撤乡设镇）政府的几位领导共同协商探讨，为这片叫水轮泵的地方取了个充满诗意的名字：野鸭湖。现在，生活在东回的人，没有人不知道野鸭湖这个美丽的地

方。从东回镇至野鸭湖有五六公里的乡村公路。公路虽然不是很宽，但非常平整，一路上美景如画。放眼望去，到处是绿油油的甘蔗，秋荞也是一道独特的风景线，还有远处佤族同胞的房舍，构成了一派好看的田园风光。野鸭湖的源头在悬崖边的树荫下，一股桶口般的清泉水从悬崖下的石洞里源源不断地涌出来，潺潺地流向不远处的野鸭湖，泉水甘甜清凉，喝一口，倍感爽心悦目，全身舒服极了。

野鸭湖的美源于那份自然，四面青山环绕，湖的东面是一大片平缓的湿地，其中一部分草木地被湖水上升时淹没。在湖水的中间还有一个景色独特、环境幽静的湖中岛。湖中岛不但有山、有石、有树，还有一间木屋供游人食宿。走上

小岛，举目远眺：四周的山是绿的，天空是蓝的，云是白的，水是清的，一切都能让人领略到自然和谐的美。

在这里，你不但可以观赏到美丽的自然景色、呼吸到最新鲜的空气，还可以让自己的思绪漫游在这美丽的青山绿水间，可以看野鸭畅游戏水，可以划船、钓鱼，可以爬山观景，可以把自己的整个身心融入自然、放归自然。

野鸭湖的东南面是一片古树林，其中有一些老树已被上升的湖水淹去根部，落去了绿叶。但那铁骨般的身躯却静静地屹立在湖面上，让人对那倒映在湖水中美丽多姿的身影有一种说不出的感慨，仿佛在回忆着那曾经枝繁叶茂的辉煌年华。

在野鸭湖边散步，可见湖里成群的鱼儿游来游去，水面上有悠闲觅食的野鸭群，它们一会儿扎到深水中捕捉鱼虾，一会儿又

❶ 野鸭湖风光
❷ 暮归的老牛

成群结队地绕湖边自由飞翔，一会又互相追逐嬉戏，有时还成双成对躲在岸边的树下啾啾私语……这一群天使般美丽的精灵，让你不由得屏住呼吸，生怕惊动了它们，打破了野鸭湖的宁静。

驻守在湖边的一个老人说："原来飞来这里的野鸭只有两三只，后来受到人们的呵护，最终在这里安家落户，现在已经有三十多只了。"

傍晚，余晖轻柔地洒在野鸭湖上，野鸭湖一改早晨那飘逸的轻纱打扮，整个湖水和山坡上披了一层金色的纱。坐在湖边的山坡上观望周围的风景，微风轻轻地亲吻着脸庞，闭上双眼，任凭山风的洗礼，静静地领略着回归自然怀抱的温情。此时此刻，彻底忘记了城市的喧嚣和世间的一切烦恼，深深感叹自然之神的伟大，用鬼斧神工般的造物之手创造了这般秀美的山水，让游者身心飘然、随风舞动，最后又轻轻地落在覆盖了一层绒线一般的草地上。静静地呼吸着青草绿叶过滤过的空气，思绪也随着欢跃的晚风展开了翅膀，飞得很高很远。

虽然已经是晚秋时节，可野鸭湖畔山坡地上的荞麦刚刚被收割，地里留下了密密麻麻的红色荞麦茬，十几条牛儿沿着荞地边吃草边缓慢地挪动着脚步，看那样子有些不情愿离去，惹得放牛娃大声吆喝，才使散乱的牛群绕着湖

1

2

神秘野鸭湖

边的小道缓缓归去。

夕阳西下，牛群慢慢地消失在暮色尽头，耳边仿佛又回荡起那首流行的台湾歌谣：“暮归的老牛是我同伴……”

青山环绕、碧水绿树的野鸭湖，那静静的田园风光好似画家笔下的经典杰作。

野鸭湖，一片宁静的土地。

野鸭湖，一潭碧绿的湖水。

野鸭湖，一个让你流连忘返的世外桃源。

满山多依满山果

在澜沧的山山岭岭，多依的身影随处可见。它不与世争，不挑剔，不矫情，就好比那包容开放、淳朴自然、勤恳坚韧、豪爽直率的澜沧人，浓浓的乡情令人回味无穷。

说到澜沧，很多人就会想到多依，吃过澜沧多依果的人都会对它的酸爽美味交口称赞。多依，属于当地的一种水果，本地方言经常把它叫成“多依拐”，拉祜人则叫它“阿卜喜”。外形看着有点像“小苹果”，成熟的时候散发出一股淡淡清香，其味酸涩。虽然它其貌不扬，但在许多澜沧人的日常生活中却是一种不可或缺的美食。

在澜沧广袤的五山六水间，谁也说不清楚分布着多少多依树。不论是东边的南岭、糯扎渡，还是南边的惠民、糯福，西边的雪林、木戛，或是北边的文东、富东，在山坡上，在梁子头，在山路旁或山间野地，甚至在村庄上下、房前屋后都随处可见多依树的身影。文东的多依树村，富邦的多依林村，南边的多依山，北面大黑山的多依箐……这些村，这些山，这些沟沟堑堑都以多依为名。可见，多依已经

与澜沧人民的生活情感深深地融合在了一起，他们相互见证、和谐共融。

多依树，是一种极为平常的野生乔木树种，在森林中并没有什么奇特显眼的地方。烟黑色的树干上分枝密密麻麻，叶片上面绿色，下面灰绿色或烟黑色。多依树适应性强，它不择地，不论是在高山河谷、陡坡平地、肥土瘦地，还是在石头旮旯地，它也一样生长得朝气蓬勃。它不争势、不霸地，静静地长在树林中，悄悄地生在山坡上；它不娇情，不用你施肥，不烦你喷药、除草，更不用你为它遮风挡雨，只要有土地、有阳光、有雨露，它就能健康地生长、快乐地开花结果。每到春天，桃花红，李花白，当人们醉倒在春节大年的欢喜中时，多依树就会悄然长出新枝嫩叶，褐绿色的枝条慢慢地伸出长着灰白色细毛的嫩芽，在嫩芽带一点淡绿色托叶的顶端，那稍有膨大的就是它

❶ 青绿间黄的多依

❷ 待收获的多依果园

的花蕾。多依开花的时候，花蕾淡绿色的托叶渐渐张开，露出五个白色细嫩的花瓣，花瓣中间展露出一丛细嫩的、顶着黄色花药的雄花蕊，雄花蕊簇拥着三个淡黄色娇羞的雌蕊。多依树的花，就像乡间的一弯新月撒落在枝节叶间，在夜间悄悄地、羞涩地开放，悄然而妩媚，恬静且秀美，并透着淡淡而缠绵的清香。

盛夏，正当农民朋友还在忙着犁地种田，学生开学不久之时，多依树的枝头已悄悄挂起了许多椭圆形的青绿放亮的还带着软软花蒂的嫩果，就是这些嫩果，成了人们，特别是少男少女品尝一年山野春味的第一选择。劳动累了，放下锄头；读书烦了，放下书本，人们小心地爬上长有很多长刺的树梢，摘下手指头那么大的嫩果，迫切地送进嘴里就嚼起来，抢先品尝那清脆略带青涩的味道。大家一群一伙的，或坐在树荫下的草地上，或坐在河边的石头上，或坐在寨子边的多依树下，摆上小米辣粉、盐巴，悠闲地边聊天边沾着调味品大吃特吃起多依嫩果来。男生们不时还被辣得很夸张地大呼怪叫，女生的樱桃小嘴则在嘘嘘地呼

1 趣味横生的吃多依比赛

2 嗨！还有大的

气。这时，不太能吃辣椒的他们，耳边、脑门上就会渗出细细的汗珠，青春的脸面会泛起艳红的潮气。那种舒畅的感觉是文字难以表达出来的，只有亲自吃了才能体验得到。

几经风来雨去，很快就到了秋收季节。水稻黄了，地谷香了，玉米成熟了，冬瓜露出粉绿粉绿的大肚皮，横七竖八地睡在山坡地里，憨态可掬。这时节，多依果或带着熟黄色，或带着紫红色缀满了枝头，在林中慢慢地放出它特殊的郁郁香气，惹得人见人爱。这时，从田地里回来的人们都多少要带一些回家解馋。白天，刚下课的学生们，急急忙忙做完作业，就三五成群地聚在一起，模仿着大人的样子，你凑小米辣，他拿多依果，削的削，舂的舂，热热闹闹地辣呼起来。晚上，饭后串门的乡亲来了，大伙围坐在火塘边，也要舂捣一盆多依果，再辣一个透，再辣一遍爽，出出汗，解解乏，方才各自回去做一个风趣的好梦。

在澜沧的初冬季节，拉祜山上，满山多依满山果。十里八乡，大街小巷，车上车下，大箱小包的，到处都堆满了多依，到处都飘荡着多依的香气。从乡下回城里的人们，也少不了要带几口袋，在冬日的暖阳下，邻居们坐在一起，或把多依去皮后，削片加上盐、糖、味精、煳辣椒等拌在一起，或是把多依和盐、糖、鲜辣椒、青菜一起舂烂来吃，让你辣得猛烈、辣得亲切、辣得过瘾！

1多彩多依果
2精彩多依事业
3待销的多依

而今，被澜沧人当作零食来吃的多依，除了以上各种吃法外还可以用来做菜，甚至做成可以远销到省内外的多依果脯、多依饮料、多依果酱和多依酒等。在凉拌菜中，或在炒牛肉、煮鱼时加入舂过的多依，除了开胃，那种特别的味道，会给你一个惊喜！晕车时，咬口多依放入嘴里，头晕、恶心便会与你挥手告别。多依全身是宝，除了果实可用来做成美食，其树枝还可以用来做耙钩、枝条可以用来扎篱笆。

今天，成熟而清香的多依不仅有了一个洋气的雅号——

开心多依节

“澜沧苹果”，还来了一个“华丽”变身，从貌不起眼的野果成为畅销品，从容坦然地走出了山野。在糯扎渡镇，多依生产经营专业合作社成立、亮相，有31户农户成为会员，即将加入的还有21户，20余家商铺在路边主销多依果，产品推陈出新，有新鲜多依、舂多依、凉拌多依、多依果脯、多依果酱、多依酒等，且销路不错，生意红火的经营户一年能卖出50余吨，纯收入超过10万元，而许多农户也以种植和经营多依果为生，每年卖多依的收入也不菲。在拉祜山乡，“小多依”闯出了“大市场”。为了给多依一个“名分”，他们还为其申请注册了“澜沧多依”的地理标志证明，并正在申请注册相关商标。为了做大做强多依产业，从2012年起，每年都会在糯扎渡镇举办多依节，不仅让“小多依”有了“大狂欢”，还让南来北往的人们在此享受到了多依大餐，感受到了多依带来的别样乐趣和“浓浓的多依情”，让家乡唱出了独特而浓香的边地山歌。

醉美澜沧

澜沧是澜沧江流域内唯一以江命名的边陲小城，造物主的垂青与眷顾，孕育了这里绚丽的自然风光和独特的人文资源。你一旦进入，她就会施展出无穷的魅力吸引着你，让你来了就不想再走……

在美丽的澜沧江畔，有一座唯一以澜沧江命名的边陲小城——澜沧。这里山环抱着水、水环抱着山，说不清是山孕育了水，还是水养育了山。当太阳把金色洒向群山的时候，这块神奇而绚丽的土地便会揭开神秘的面纱，渐渐地从睡梦中苏醒过来，与蓝天、白云、高山、流水静静地诉说拉祜山古老、深邃的璀璨文明。

澜沧，澜沧江畔的富庶之地，在8807平方公里的广袤土地上，五山六水的天然切割，形成了“一山分四季”“十里不同天”的立体气候，素有“拉祜山乡，边陲宝地”之美誉。永远快乐地追寻着太阳脚步的勤劳善良的拉祜，号称从“司岗里”出来、彪悍勇武的阿佤人，热情奔放、背篓里背着山歌的哈尼人，长号当空、心如火把一样炽热的彝家人，把水看成生命、爱水善水的傣家人，执着守望古茶山、呼唤茶魂的布朗

人，崇尚伊斯兰教、智慧洁净的回族，身佩长刀、有着悠久“狩猎文化”的景颇族，他们与包容开放的汉族世世代代在这片土地上繁衍生息，他们用勤劳智慧共同演绎着澜沧悠久的历史和亘古的文明，用淳朴善良共同构筑着美丽和谐的民族家园。

澜沧是世界拉祜文化中心，县境内生活着21.5万拉祜族同胞，是拉祜族人口最为集中的地区，聚集了世界三分之一、全国二分之一的拉祜族人口，是全国唯一的拉祜族自治县。国家级非物质文化遗产保护名录《牡帕密帕》犹如一首流淌在拉祜人心中的歌，讲述了拉祜族创世的神话。佤族的《司岗里》、哈尼族的《创世纪》、布朗族的《帕哎冷与七公主》、傣族的《召树屯与南木诺娜》，还有其他各民族脍炙人口的传说故事、民间歌谣，都以口头传唱的形式代代相传，成为今天“拉祜文化”的瑰宝。做客拉祜山乡，无论你走到哪里，热情好客的各族人民都会用他们特有的最高礼节招待你。多姿多彩的传统习俗、原汁原味的美味佳肴、优美动听的传说故事、散发着泥土芳香的民族歌舞……这些源于生活又高于生活，源于自然又回归自然的多元文化会让你如痴如醉、流连忘返。

欣欣向荣的澜沧新城

澜沧各族同胞无论男女老少都能歌善舞，歌舞是他们生

活中的重要组成部分。他们用歌舞讴歌生活、传情达意、放飞梦想。就像植根在拉祜山乡沃土上的朵朵奇葩，永不凋谢。拉祜族的《芦笙舞》把各种动物的动作模拟得惟妙惟肖，《摆舞》则把拉祜人一年四季的劳动过程表现得栩栩如生。佤族的《木鼓舞》把阿佤人粗犷豪放的性格展现得淋漓尽致，《甩发舞》则把阿佤姑娘的热情似火渲染得尽善尽美。僾尼人的《竹筒舞》把"一出家门就唱歌，一唱唱到日头落"的个性展示在人们的眼前。彝家人的山歌让人们一次次感悟到人生的哲理、做人的真谛，小号吹出了他们的好心情。傣家人的"丢包拴线"丢来了爱，拴住了心，《孔雀舞》把人们带到了如诗如画的美丽地方。布朗族的《傩舞》分出的是好人和坏人，《茶歌》把人们的思绪带回到了魂牵梦萦的远古时代……他们用质朴的歌声唱出了万物的和谐，唱出了人间的真、善、美。用刚柔并济的舞步舞出了丰富的民族情感、和谐共融的民族氛围。置身其中，能让人感受到那种"根"之所系、"魂"之所在的精神向往。有人感慨，澜沧是一个充满诗情画意的地方，就连空气都洋溢着浪漫。

澜沧还是普洱茶的重要原产地之一。野生古茶树群落、邦崴茶树王、景迈山古茶林构成了澜沧县境内完整的茶叶大规模从野生型向人工栽培型过渡的进化链，成为普洱茶历史悠久的见证。值得一

提的是2012年11月，景迈山古茶林成功入选中国世界文化遗产预备名单。2013年5月，被国务院公布为第七批全国重点文物保护单位，并于同年10月获得了申报世界文化遗产的“入场券”。这里的茶叶不但集合了大、贵、美的气质于一身，还承载了各民族的信仰。各民族古老的驯茶、种茶、饮茶文化构成了一本活生生的教材，不仅让人们从茶饮、茶事、茶味中体验古圣先贤们尊天敬地、顺应自然的深远意义，时时感念天地之赐、先民之恩，极大地丰富了中华茶文化的内涵。

澜沧，因大自然的恩赐而丰韵，因地域的奇特而神秘，因历史的延绵而厚重，是普洱市着力打造“绿三角”旅游环线的重要组成部分。在这块天赋灵异的土地上，铁、铅、锌、银、铜、锡、锰等矿藏资源与紫檀木、铁力木和蜂猴、亚洲象、黑熊、云豹等国家重点保护动植物构成了大自然的自然资源博物馆。孔明山、公明山、帕令山、扎发谷山、芒黎山和澜沧江、南朗河、黑河、上允河、芒帕河、谦迈河，成了文人墨客书写澜沧的“五山六水”。这里还有雄奇险峻的高山峡谷、历史悠久的文化遗迹、神秘壮美的溶洞奇峰、丰富多样的动植物群落、繁荣的集贸市场以及便捷的交通枢

❶各民族和谐共融

❷布朗古寨

纽。《牡帕密帕》葫芦广场、拉祜风情园、扎娜惬阁、惠民旅游小镇、景迈山古茶林、勐炳野阔原始森林、邦崴原始森林群落、快乐拉祜唱响的地方老达保、摆舞之乡班利、编织之乡佧朗、芦笙吹响的地方勐糯、神鼓敲响的地方糯福以及糯福教堂等，这些绚丽多姿的人文景观、非物质文化遗产保护传承基地，犹如一颗颗晶莹剔透的珍珠，散落在拉祜山乡的各个角落，处处彰显出大自然的灵性与民族文化的神韵。

今天，“拉祜文化名县”搭建了澜沧对外展示魅力的平台，澜沧也在打造“拉祜文化”“千年古茶”“糯扎渡”三大品牌和南亚异国风情游上前行着、奔跑着。国道 214 线和省道 309 线经县城勐朗坝贯穿县境，直达西双版纳、临沧、普洱三州市及昆明，三条边境公路直通缅甸，澜沧江黄金水道通达西双版纳及缅甸、泰国等东南亚各国。正在修建的东回机场，将让澜沧旅游业如鱼得水、锦上添花。澜沧的经济、社会、文化，将会在拉祜山乡这块古远与深厚的土壤上，继续谱写出更加熠熠生辉的新篇章。

这个被称为“世界拉祜之根、千年古茶之源、芦笙恋歌的故乡”的地方也定然会让你心驰神往、留恋不舍。因为，这里有看不完的景、观不完的舞、听不完的歌、品不完的味、舍不得的情；因为，这里的美是一种存在，让人看不够、说不完、忘不了。

❶ 从葫芦里出来，向着太阳奔去　❷ 奔腾不息的澜沧江

后 记

文化是民族的血脉、是人民的精神家园。正当一个文化的春天向我们微笑着走来的时候，顺应时代的潮流，结合“拉祜文化名县”战略目标，一本承载着拉祜山厚重历史文化、多彩民族风情、绚丽人文景观的《文化普洱·澜沧》应时而生。

一座山，一个民族，一片叶子，一条江，构筑起神奇美丽的拉祜山乡——澜沧。《文化普洱·澜沧》以“四个一”分四个篇章来讴歌这方让人眷恋的热土。

一座山就是拉祜山。这是一座有灵性的山，其特殊的地理位置和悠久的历史，让这座山保存了厚重的历史感。曾经“杀官废债”的呐喊声、解放澜沧的枪声、拉祜人民当家做主的欢呼声、“山间铃响马帮来”的铃声遥响在历史的天空。在拉祜山的五山六水间，古老的民族、淳朴的民风、厚重的历史，让这“芦笙恋歌的故乡”充满了传奇色彩。今天，这块深厚的红土地，正披着绿树“蓑衣”，讲述着古老“拉祜山的记忆”。

一个民族就是拉祜族。澜沧是一个以拉祜族为主，兼容佤、哈尼、彝、傣、布朗、景颇、回等多民族的和谐共融整体。千百年来，各民族用淳朴善良、自强不息、坚忍不拔的精神，共同创建了一个相互包容、和谐共进的民族大家庭和风格迥异、魅力无限的民族文化瑰宝。走进澜沧这个全国唯一的拉祜族自治县，踏上这片多情的土地，便可聆听悠扬的芦笙、醉人的调子，观看欢快的摆舞、婀娜的孔雀舞，品尝陈香的古茶，畅饮甘醇的米酒……如今，绚丽多彩的多元民族文化正以其独特性、厚重性走南闯北、漂洋过海，在打造“拉祜文化”品牌的道路上前行着、奔跑着。

一片叶子就是茶叶。澜沧是千年古茶之源，从成林成片的野生茶树群落，到野生型向栽培型过渡的邦崴茶树王，再到景迈芒景千年万亩人工栽培型古茶林；从“呼唤茶魂”的布朗，再到拥有特殊饮茶习俗的各民族，无不见证着这里就是普洱茶的原产地之一。2012年，深藏在古树丛林中的景迈山古茶林，荣幸地被列入《中国申报世界文化遗产预备名单》。从此，这片叶子将形成一个完整而系统的茶文化链，填补茶文化遗产的历史空白，同时承载了各民族的信仰。随手摘取细嫩的一尖一芽，咀嚼着、品味着，心间涌来新茶灵芽悠远的历史回味，回望“千年古茶的追溯”，它在生动亲切地向我们讲述着普洱茶的故事，彰显着悠远的普洱茶文化及澜沧人民的荣耀与伟大。

一条江就是澜沧江。千百年来，奔腾不息的澜沧江以其独特的方式滋润着这块土地、养育着这方人民，并给予了我们一个响亮的名字——澜沧。改革开放以来，边疆澜沧发生了翻天覆地的巨大变化。如今，澜沧江上建起了糯扎渡水电站，一坝拦巨流，天堑变通途。澜沧江，正用她甘甜的乳汁和博大的胸襟养育着这片广袤土地上的各族儿女。让江畔秀美的风光、多彩的风情也汇流成河随江奔腾，构成一幅长廊画卷让人驻足留步、流连忘返。

追求真善美是文艺的永恒价值。翻开《文化普洱·澜沧》，仿佛让读者畅游在神秘边地的五山六水间、徜徉在民族歌舞的海洋里。书中图文并茂地展示了澜沧自然的美、生活的美、心灵的美和文化的美。可以说，这是一本集思想性、艺术性、观赏性于一体的边地民族文化书籍，透过不同的视角了解澜沧、了解边疆，让我们更加热爱这块边陲宝地——拉祜山乡。

本书的编撰历时一年，从文化定位到篇章结构、采写内容等做了多次修改，最终撰写出近十万字的文稿，收录了两百余幅图片。由于本书的梳理与撰写，只是对澜沧历史源流、风土人情、民族文化、自然景观等某个方面的一种回顾与缅怀、一种抒情与感慨、一种抒写与陈述，难免有遗漏和不足之处，敬请读者谅解。作为耕耘者，我们将以一颗平常而诚恳的心去接受读者的检阅和审视。

《文化普洱·澜沧》编委会